宮里六郎
Miyasato Rokurou

暮らしの保育

異年齢保育の先に見えてきた もう一つの保育論

ひとなる書房

はじめに

異年齢保育の実践は、長年にわたる積み重ねと深まりを踏まえて、近年では1～5歳の異年齢保育も取り組まれるようになってきています。「学校」モデルの年齢別保育とは違う、1歳～5歳の異年齢保育に取り組むと、保育の風景が一変します。見よう見まねで子どもが自ら育とうとする姿や、互いに助け合ったり育ち合ったりする姿が、あたりまえになります。そして、保育者の子どもをとらえるまなざしや振る舞いも大きく変わっていきます。何より、園に安心感が満ち、思ったことをありのまま表現できるので、誰にとっても居心地のよい場になります。そこでは、「もう一つの保育論」と呼びたい、従来の保育に対する問題提起に満ちた、とても魅力的で新しい実践が生まれてきています。そこに立ち現れた保育の営みを、私たちは「暮らしの保育」と名付けました。

本書は主に3つの柱で構成されています。

Ⅰ「暮らしの保育の風景」は、実践記録をひもときながら、「食」や「季節」を中心とした「暮らしの保育」の実際を描写します。思わず読む人の微笑みを誘う子どもたちの姿には、立場を越えて共感していただけると思います。

Ⅱ「子どもの育ちと大人のまなざし」では、「子ども理解は保育の前提」や「発達段階をふまえた保育」に対して芽生えてきた違和感と、「暮らしの保育」からの新しい見え方を提起しています。たとえば、「子どもは理解の対象なのか？」「わかる」より「知る」「わからないときは子どもに聞く」「やりたいときがやり時（どき）」等々です。

Ⅲ「暮らしの保育の構えと振る舞い」は、保育者の役割や具体的な保育方法について実践記録からすくいだして、それに相応しい「暮らしの言葉」をあててみました。「時間で区切らず、時間帯で考える」「一呼吸置く、間合いをはかる」「大人の願いを一旦横に置く」「重ねる、半身で暮らす」等々、これまで当たり前とされてきた保育のとらえ直しです。また、「暮らしの保育」を実践している園では、保育者を先生と呼ばないというのは、新鮮な発見でした。そのことで保護者も含めて大人同士の関係が対等になり、園が新たなコミュニティとして生まれ変わるようです。先生と呼ぶか呼ばないかということが、「暮らしの保育」の実際的な指標ではないかと問うています。

そして、本書の全体を通して考えようとしたのが、「教育学的保育論」と「心理学的子ども論・発達論」です。そもそも幼い子どもたちは、何によって、どのように育っていくのでしょうか。

幼い子どもたちを育てるのは、教育の意図性より暮らしの必然性ではないのか、というのが本書を通して伝えたかったことのひとつです。大人の傍らで見よう見まねで育つ、教えられるより自ら身に付ける・学ぶ。本書に「寄稿」していただいた小山逸子さんは、「子どもの主体性は暮らしの中に内在している」と述べています。これらのことは、「当たり前の日常（つまり暮らし）を丁寧におくる」

ことを意味しています。それは保育所や幼稚園がなかった時代に、子どもはどう育っていたのかと立ち戻ることでもあります。保育の原点に戻るというより、「保育を初期化」する感覚です。

このところ多くの保育者から「忙しい、疲れている」という声を頻繁に聞くようになってきました。中には「辞めたい」とも。保育者養成に携わってきた者の一人として、とても心が痛みます。いろんな原因が重なっているのでしょうが、そこには大きな無理・齟齬（そご）があるのかも知れません。「暮らしの保育」の神髄は、何かに向かって頑張る、ということではなく、子どもも大人も共に今を丁寧に生きる、苦楽も共に、と言っても差し支えないかも知れません。もちろんそれは、未来を見据えないということではなくて、子どもの潜在力を信じるということです。

それは、いい保育をしていなくても悪い保育をしていなければ大丈夫、「子どもはいつも手持ちの力で精一杯生きている」というメッセージも含んでいます。少し肩の力を抜いて保育してほしいという願いも込めています。

そして、できれば芽生えたばかりの「暮らしの保育」を一緒に膨らませてほしいと願っています。

２０２４年11月　著者

＊文中の実践記録に登場する子どもと大人の名前は、イニシャル含めて初出掲載時のままです。

もくじ●暮らしの保育

「暮らしの保育」の
実際の様子はこちら

序章　異年齢保育新段階

――安心感を土台にした〈おうち〉モデルの「暮らしの保育」

1　異年齢保育新段階そして新時代

――量的広がりと質的深まり

1）「条件的異年齢保育」だけでなく「理念的異年齢保育」の増加

皆さんの周りでは異年齢保育にとりくんでいるところは増えていませんか。私のところには年齢別保育から3～5歳の異年齢保育への移行ばかりでなく、これまで3～5歳の異年齢保育をしていた園からも1～5歳の異年齢保育への転換も含めて相談が増えています。大分県内の異年齢保育実施状況調査によると、保育所では異年齢でクラス編成をしている園が45％と報告されています。(1) 少子化が進行しているとはいえ、大分市や別府市といった都市部も含んで約半数近くが異年齢クラス編成になっているとは想像以上の広がりです。

私はかつて異年齢保育を二つに分類しました。一つは過疎地や小規模保育所など年齢別にクラス編成ができないために「しかたなく」取り組む「条件的異年齢保育」。二つ目は年齢別でクラス編成ができるにもかかわらず「あえて」異年齢保育に取り組む「理念的異年齢保育」です。

まず過疎地では平成の市町村大合併（1999〜2010年）を機に少子化と過疎化が進行し「条件的異年齢保育」が一層増えています。しかし小規模・少人数で保育する期間が長くなる中で異年齢保育が自然で当たり前の姿になっています。「条件的異年齢保育」ではなく「自然体の異年齢保育」と言い換えてもいいでしょう。そこでは「里山の自然の営みと人びとの暮らしに溶け込んだ里山保育(2)」が展開され、自然だけでなく地域のお年寄りなどとの「異世代交流」（ご近所づきあい）も盛んになっています。異年齢保育を超えて「年齢に幅のある暮らしの保育」と言い換えてもいいよう思います。

一方都市部でも「理念的異年齢保育」が増えています。その背景には年齢別保育への行き詰まり感があるのではないでしょうか。例えば、運動会前に縄跳びをしぶしぶ練習して30回くらい跳べるようになった5歳児が「先生が休んだら縄跳び練習せんでもいいのに」と母親に言ったという話も聞きました。できるようになったことが「できた喜び」ではなく「やらなくてもいい喜び」や「次はできないかもしれない不安」にもつながっています。そこには自分が頑張るのはいいけれども、課題を設定してその目標に向けて子どもを頑張らせることに意味が見出せず疲れ果てている保育者の姿がありま す。ふと見渡すと延長保育や土曜保育の際に異年齢で関わり合い育ち合っている姿があり、そこに淡い期待を寄せることから異年齢保育に関心が深まっていくようです。

また、地域型の小規模保育所等、１９７０年代と同じような「低年齢混合型」異年齢保育の増加、効率的経営のためだけの「理念なき異年齢保育」も散見され、異年齢保育も多様化しています。さらに今日的課題となっているインクルーシブ保育は、障がいの有無だけでなく国籍そして年齢や発達段階の差異によって誰ひとり排除されない保育です。そういう点でも年齢や発達段階の差異を包摂して、安心感を土台に多様性を保障する異年齢保育はインクルーシブな保育としても広がる可能性を持っています。

２）「3歳未満児を含んだ異年齢保育」への質的深まり

これまでは異年齢保育と言えば３～５歳の異年齢保育がほとんどでした。しかしここ数年、１～５歳、あるいは２～５歳の異年齢保育が増えて、年齢の幅がぐっと広がっています。

私の知る範囲では、東京では多摩市のこぐま保育園、世田谷区の上町しぜんの国保育園。愛知県名古屋市のかわらまち保育園、くまのまえ保育園、ななくさ保育園等。そして三重県四日市市のこっこ保育園。滋賀県野洲市のきたの保育園。熊本ではひまわり保育園・さくらんぼ保育園・黒肥地保育園・北合志保育園・からたちこどもえん。そして鹿児島ではむぎっこ保育園などです。

3～5歳の異年齢保育の特徴は、①憧れや優しさが育つという「一方向的関係」ではなく、頼り頼られ・支え支えられる「双方向的な支え合い」、②きょうだい関係のように固定化した関係ではなく、姉・妹・弟にも真ん中にも兄・姉にもなれる関係、真ん中が育つ「黄金の4歳児」、③異年齢仲間だけでなく、少人数だけれども同年齢仲間もいるお得な異年齢保育、と整理しています。(3)

それに対して1～5歳の異年齢保育の特徴は、①基礎集団を「クラス」（組）ではなく〈おうち〉と呼ぶ、②保育者を先生ではなく名前や愛称で呼び合う、③学校モデルではなく〈おうち〉モデルで考える、④年齢幅のある1歳児（小さい子）がいるのも当たり前、ととらえています。ここでは主に1～5歳の異年齢保育を〈おうち〉モデルの「暮らしの保育」と呼びます。

二十数年前の異年齢保育は実感的確信はあったのですが、実践的理論は未構築な時代でした。しかし現在、異年齢保育の量的広がりと質的深まりの中で、異年齢保育の実践と理論が蓄積されてきました。「なぜ異年齢保育?」と問われた段階から「なぜ年齢別保育をしているの?」と問い返しもできる段階に入っています。

3）異年齢保育から「暮らしの保育」へ

これまでは年齢別保育と異年齢保育の違いを考えていたのですが、1～5歳の異年齢保育が増え、

3〜5歳の異年齢保育と1〜5歳の異年齢保育の違いを明らかにすることが課題となってきました。年齢別保育と3〜5歳の異年齢保育の違いは「異年齢保育への移行」つまりクラス編成論と考えています。しかし3〜5歳の異年齢保育と1〜5歳の異年齢保育の関係は「暮らしの保育」への転換、つまりクラス編成論を超えた「保育観の転換」としてとらえるようになりました。

これまでの保育の主流である年齢別保育は、小学校の編成方式に倣って年齢別で学級を編成するという「学校」モデルのクラス編成原理です。不登校児童が29万人を超え（2022年現在）、フリースクール等学びの場が多様化し、オルタナティブな「居場所」が求められる現在、保育は学校を唯一のモデルとして考えるだけでいいのでしょうか。

異年齢保育（暮らしの保育）は、まず「学校」モデルの年齢別クラス編成にしない、次に〈おうち〉モデルに転換し、さらにそれを「暮らしの保育」と呼称することは保育観の大きな転換になるのではないでしょうか。

ある異年齢保育の研究会で、川田学さん（北海道大学大学院、発達心理学）が「異年齢保育の人たちには別の景色が見えているのかもしれない」と話されたことがありました。私自身も「暮らしの保育」を考えていると年齢別保育では考えつかなかったことが浮かんできたのです。

例えば、「子ども理解」について……（つぶやき）。

（年齢別）保育では子どもを理解の対象と考えていたんじゃないか。それって上から目線で対等な見方じゃないよね。子どものことは大人より一緒に過ごしている子どものほうがよく知っているんじゃない。だったら、子どもが子どもをどう思っているのか子どもに聞いたほうがわかるよね。それに子どもは前向きな気持ちだけでなく、今はやりたくない「気分」もわかってほしいんじゃないかな。もっと言えば、子どもは自分のことを半分くらいわかってもらって、あと半分は好きにさせてというのが本音かもしれない。大人も「困ったら言ってきてね」くらいの間合いでいいんじゃないか？

など、これまで考えてきたことに次つぎと疑問が生じて、新たな発想が浮かんでくるのです。それが的を射ているかどうかはわかりません。はっきりと見えているわけでもありません。それこそうっすらと見え始めている状態です。ここ十数年1～5歳の異年齢保育（暮らしの保育）を理論化するだけでなく、次章で紹介するきたの保育園や熊本の異年齢保育研究会の仲間たちと実践も一緒につくってきました。仲間を超えた「身内」として付き合っていただいたお礼の意も兼ねて、うっすらと見え始めた「暮らしの保育」の景色・風景をなんとか粗描したいというのが本書執筆のきっかけです。時代は、異年齢保育の先に「暮らしの保育」を見据え始めています。

2　1〜5歳の異年齢保育の変遷
——安心感を土台にした〈おうち〉モデルの「暮らしの保育」

1）「きょうだい保育」から「暮らしの保育」へ

1〜5歳の異年齢保育を「暮らしの保育」と特徴づけた経過を振り返ってみます。

1990年以前は3〜5歳の異年齢保育は「たてわり保育」と呼ばれていました。その中で、嶋さなえさんを中心とした東京都東久留米市立ひばり保育園は、よこわり（年齢別クラス編成）とたてわり（異年齢クラス編成）の折衷ではなく、年齢別保育という意図的な活動と異年齢での自然な関係にどう折り合いをつけるかを模索し「異年齢たてわり保育」と呼び始めています。そして、「生活を、いわゆる身につけるべき基本的生活というように小さくとらえるのではなく、生活も遊びも含めて、暮らし全体での子どもの関わりを考えてみる」[4]と述べています。ここには生活を超えた「暮らし」が芽ばえているように思えます。

また東京都町田市のききょう保育園（当時、山田静子園長）は、保育園は学校ではなく「生活の場」としてとらえ、保育園を「昼間の大きいおうち」と呼んでいます。また異年齢保育ではありませんが、大阪のいずみ保育園（当時、清水住子園長）も保護者にとっては「実家のような保育園」ととらえています。このように保育園を従来の学校モデルではなく、「昼間の大きいおうち」「第二のおうち」「実家のような保育園」など、〈おうち〉モデルとしてのとらえ方が芽ばえていました[5]。

この芽生えを一気に開花させたのが東京都多摩市のこぐま保育園（１９７３年創立、当時、伊藤亮子園長、定員２００名）です。１９９７年11月に、全国で初めて「1歳～5歳までの異年齢保育」を始めました。２０００年1月には新園舎が完成し「きょうだい・グループ保育」と特徴づけました。それまで当たり前に使われていた「学級」「クラス」を〈おうち〉と呼称したのです。学校的なクラス編成論を超えた保育観の転換の始まりです[6]。

さらに２００４年に設立された滋賀県野洲市のきたの保育園（定員80名）は、こぐま保育園の「きょうだい保育」をモデルに、発足当初から新園舎での1～5歳の異年齢保育に踏み切っています。保育室に台所を設置し、各〈おうち〉でご飯を炊き、大皿盛りで配膳するなど食を中心にして保育を組み立てていました。そこで当時の小山逸子園長に「『きょうだい保育』という呼称は人間関係に収れんしすぎていないだろうか？　食は暮らしの中心だから、『暮らしの中にある保育』でもいいのではないか？」と話したことをきっかけに「暮らしの保育」という呼び方に落ち着いていったように記憶しています。

２０１０年代に入ると、愛知で1～5歳の異年齢保育が増えていきます[7]。２０１１年かわらまち保育園、２０１２年くまのまえ保育園、２０１５年ななくさ保育園等です。三重県四日市市のこっこ保育園も２０１８年に2～5歳の異年齢保育に移行しています。愛知では1～5歳の異年齢保育を「乳児も含めた異年齢保育」と、1歳児が居ることに重きを置いて特徴づけています。

愛知と同じ頃、「暮らしの保育」の流れは熊本に飛び火します。1998年に3〜5歳の異年齢保育を始めていたひまわり保育園（熊本市、当時長井解子園長、定員60名）は、2014年に2〜5歳の異年齢保育（暮らしの保育）へ転換し、2022年には新園舎建設に伴い1〜5歳の異年齢保育（暮らしの保育）になりました。「気配を感じるひまわり長屋」をコンセプトに「ご近所づきあい」を大事にし、「気（季）ままな暮らし」を追求します。職員室は「みまもり」、給食室は「かまど」、職員会議も「寄り合い」と昔の村の共同体のような雰囲気が漂っています。また過疎化が深刻な熊本県多良木町の黒肥地保育園（鍋田清高園長、定員50名）も2010年に2〜5歳の異年齢保育に転換し、「野山をかけまわる里山のくらし」をコンセプトに過疎地での「暮らしの保育」を追求し始めています。さらに熊本市のさくらんぼ保育園（当時建川美徳園長、定員130名）は2014年の新園舎建設と同時に、年齢別保育から一気に1〜5歳の異年齢保育に転換しました。〈おうち〉でお米研ぎをしてちゃぶ台を囲んでご飯を食べます。各〈おうち〉にはそれぞれ「カクン」（家訓）もあり、月3000円の予算の家計簿もつけます。まさに大家族の様相を呈しています。職員にとって保育園は職場であると同時に暮らしの場の要素もあり、学校的「同僚性」より「ホーム感」あふれる素敵な雰囲気です。

2014年には熊本異年齢保育研究会が発足し、「暮らしの保育」を意識的に追求するところも増えています。

2）安心感を土台にした〈おうち〉モデルとは？

「暮らしの保育」は、保育を学校モデルで考えるのではなく、〈おうち〉つまり家庭・家族をモデルにして考えます。〈おうち〉は、家庭・家族を子どもの言い方に倣って呼称した表現です。この保育をいったん学校とは別に家庭をモデルにして考えてみるという提起ですが、現実の家庭・家族を無批判に理想化しようとするものではありません。

〈おうち〉モデルの「モデル」は、社会学でいうところの理論モデルです。〈おうち〉モデルの「暮らしの保育」は、保育園は「学校より家庭に近い、でも家庭ではない」しかし「本当のおうちではないが『第二』の『昼間の』そして『大きい』おうち」と考えます。異年齢の居住施設である児童養護施設や学童保育・夜間保育・延長保育など養育・保育の実践にも学びながら深めているところです。

〈おうち〉モデルの「暮らしの保育」は、家政学や家庭科教育学を参考に「家庭生活」と「家族関係」の2つの領域の活動を想定しています。家庭生活は衣食住・買い物など「家事的営み」と趣味・特技など「余暇活動」、家族関係は〈大人同士の関係〉〈大人・子ども関係〉〈子ども同士の関係〉などを想定しています。実践的には食を中心に「暮らしの保育」が展開されています。箒と雑巾を使って掃除をしてタライと洗濯板で洗濯をする、そんな「ちょっと不便だけどエコな昭和の暮らし」「生活の原理が見える、感じられる暮らし」をイメージしています。

〈おうち〉モデルの「暮らしの保育」と「実際の家庭での子育て」を比べると、「実際の家庭」では子どもは〈家事をしながら育児する大人〉の傍らで育っています。それに対して〈おうち〉モデルの「暮らしの保育」は、子どもは〈保育しながら家事的なこともしている大人〉の傍らで育つイメージです。

家庭と学校を比べると、学校は主に「学び」の場であり、そのキーワードは「成長・発達」「教育」です。それに対して家庭は「くつろぎと団らん」の場であり、キーワードは「安心」「養育」あるいは「形成」（自然な学び）です。〈おうち〉モデルの暮らしの保育は家庭と同じように「安心感」を土台にします。安心感とは「不安や心配がなく、心が穏やかな感じ」、「安らぎ」とも言い替えられます。暮らしの保育の〈おうち〉が子どもにとって「安心できる居場所」になることです。

そうした「安心感を土台にした〈おうち〉モデルの暮らしの保育」を簡単に「暮らしの保育」と呼ぶことにしたいと思います。

なお本書での「暮らし」は、保育園での基本的生活や学校での生活指導などと言った保育・教育で使われる子ども中心の「生活」よりもっと広く、「大人の暮らしの傍らで見よう見まねで育ち合う」大人の暮らしも取り込んで使うことにします。

Ⅰ 「暮らしの保育」の風景

ひまわり保育園

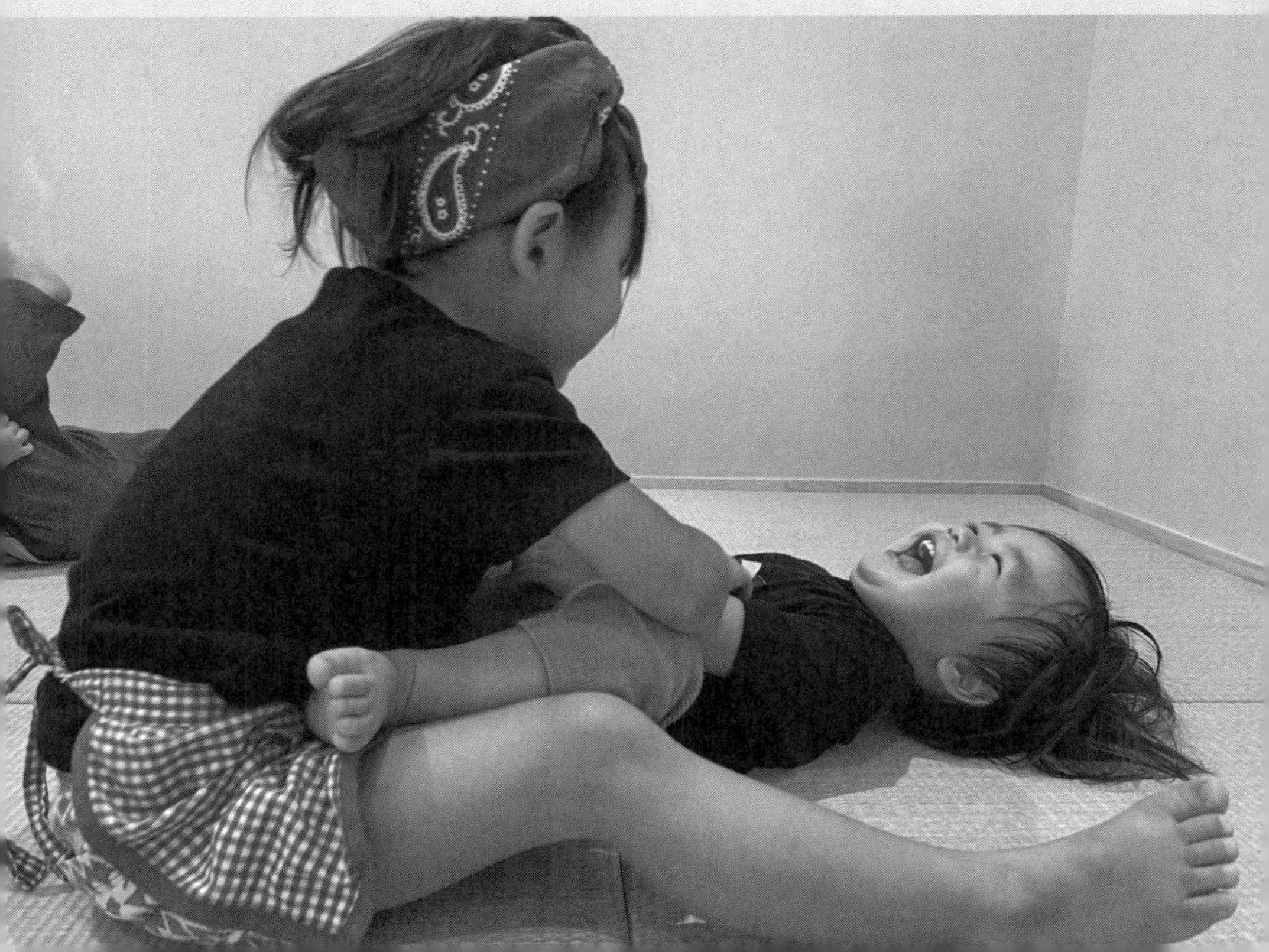

第1章 台所と食卓を暮らしの真ん中に
――三島奈緒子実践（きたの保育園）から

はじめに

きたの保育園（滋賀県野洲市）は、「安心感を土台に日々の暮らしの中で自分らしく育つ」を保育理念として、２００４年に設立されました。定員80名、開園と同時にこぐま保育園（東京都多摩市）の「きょうだい保育」をモデルに、１～５歳の異年齢保育を始めています。

きたの保育園に通って15年、私にとっては「暮らしの保育」を共に深めてきたパートナーです。ここでは食を中心とした暮らしの風景を描いてみたいと思います。

きたの保育園では、給食室を家庭と同じように「台所」、保育室〈おうち〉の台所は「キッチン」

と呼んでいます。保育目標の１つに「食べることが大好きな子」を掲げて、食を保育の中心に据えて実践してきました。旬の食材を使った季節感のある献立はもちろんですが、次のような３つの特徴があります。

１つは〈おうち〉（保育室）にキッチンがあること。２つは台所の大人（給食職員）は、給食の時間は子どもの食事におつきあいすること。３つは、主菜と副菜の２品はテーブルの真ん中に大皿で盛りつける「大皿盛り」をしていることです。

この実践を中心になって担ってきたのが、開設当初から栄養士として働き、今は主任の三島奈緒子さんです。三島さんと最初にお会いした時、子どものことを保育士のように詳しく話してくれたのが印象的でした。

ここでは、まず三島さんの３本の実践記録[1]から食の風景や人間模様を要約・抜粋して、その特徴や意義・背景を整理します。そのうえで、食卓やそこでの大人のまなざしの意味や特徴を明らかにします。

１　保育室にキッチンがある食の風景
――ごはんは各〈おうち〉の炊飯器で炊きます

きたの保育園は園舎設計段階から、「いえ」型保育空間（台所を有する食寝分離の空間）として建設されました。(2) 各部屋〈おうち〉は、寝る・食べる・遊ぶの3つのスペースに分かれ、各〈おうち〉には対面式のキッチンがあります。食器棚や冷蔵庫もあります。

三島さんの実践記録から、キッチンを中心に繰り広げられる食の風景と〝人間模様〟を紹介します。なお、ここで〝人間関係〟としないで〝人間模様〟としたのは大事な意味を込めているので本書終章で詳しく論じます。ここでは、その場をつくっている大人と子どもの複雑なかかわり合いと考えておいてください。

その日に食べるごはんは朝、各〈おうち〉の炊飯器で炊きます。お米研ぎは担任や大きい子がしたり、それを見て1・2歳児が「やりたい」と手伝うこともあります。お昼には、〈おうち〉中にごはんのにおいがして食欲をかき立てます。お米研ぎをした子は「今日、○○がお米したで」と得意げです。ごはんができあがる頃には、おなかをすかせた子が「できた?」「ワゴン運ぶわー」とキッチンにやってきます。〈おうち〉や台所の大人が準備を始めると、子どももお手伝いしてくれます。

大きい子はおつゆやごはんをよそったり、小さい子たちに準備の手ほどきをしてくれます。1〜3歳の小さい子もエプロンをつけて食器を並べるのを楽しんでいます。手伝わないけれど見に来たり、味見専門でやって来たりする子もいます。

お米研ぎも食事の準備も当番や役割は決まってはいません。手伝いたいと思った時は手伝えるようにして大人は子どもに任せます。準備が終わると「ごはんできたよ」と呼ぶのも楽しみのひとつです。

5歳児2人がお米研ぎをしていると、その様子を見ていた1歳児のSは大きい子にエプロンをつけてもらい、お米研ぎをする2人の間に入ってじっと見ています。しばらくするとエプロンを片づけて遊びに行ったのです。お手伝いをしたつもりになったのでしょう。また食べ終わった1歳児が、教えたわけでもないのにスプーンをかごに戻していることもありました。1歳児も1歳児なりに見よう見まねで食の風景に溶け込んでいます。

時々事件も起こります。大人が炊飯器のスイッチを押し忘れてごはんが炊けていないことがありました。「あ〜ごめん、みんな」と落ち込んでいると、4歳の男の子がすっと「食べてみ、おいしいで」とその日のおかずの鮭の切れ端を渡して励ましてくれたのです。スイッチを押し忘れた大人は、「毎日の暮らしの中には大人も失敗し、子どもに励まされることもあり、共に暮らしをつくっていることを実感する」[3]と述べています。学校の給食というより、大家族のごちゃごちゃしているけれども楽し気な食事風景です。

ここでは保育者は「先生」ではありません。大人と子どもが一緒につくる暮らしの一員なのです。「保育」する意識が薄まり一緒に暮らす感覚になっているように感じます。

2　食の原風景——台所の大人は、給食の時間は子どもの食事におつきあいします

台所職員（正職2名、パート2名）は担当の〈おうち〉を年間通して決め、食事の時間は毎日〈おうち〉に入って配膳の準備など食事におつきあいします。調理を担当するだけでなく、子どもにとっ

て「自分の〈おうち〉のごはんの先生はこの人」と安心できる存在、おいしいごはんを作ってくれる「お母さん」のような「身近で安心できる存在」でありたいと願ったからです。

台所職員が、ある男の子に「今日は○○ちゃんの大好きな牛乳寒天やで」と声をかけると、「やった！」と跳びあがって喜びました。子どもも自分の好きなものまで覚えてくれている大人が作ってくれるごはんは楽しみだし、とびっきりおいしいでしょう。確かに、まるで「お母さん」のように身近で安心できる存在です。

料理研究家の土井善晴さんが、「台所の安心は、心の底にあるゆるぎない平和です。お料理を作ってもらったという子どもの経験は、身体の中に安定して存在する『安心』となります。安心は動揺することなく冷静に対処するための落ち着きとなります(4)」と述べています。料理を作ってくれる人の顔が見える関係が安心につながり、食を通して安心感が暮らしの土台になることがわかります。

本来子どもは食事を作る様子を見ながらできあがるのを待って、作った人も一緒に食卓を囲むものでした。給食が専門化して独立したことで、作る人と食べさせる人が別々になりました。そのことは評価しながらも、暮らしという視点ではちょっと不自然になったのかもしれません。その小さな不自然さを埋めるために、きたの保育園の台所職員は何とか子どもが食べる場にいられるように分担や体制を工夫したのです。それは、これまでの大人同士の関係としての「給食室と保育室の連携」を超えた、台所職員と子どもを直接結ぶ試みでした。

しかしそれを続けるためには一定の条件が必要です。残念なことに職員体制の関係から、現在は台所の大人は給食の時間に保育室に入れていません。それでも子どもの話し相手、時には遊び相手になりながら、「身近で安心できる存在」でいるための模索を続けています。

3　大皿盛り――自分で決めて他者と分かち合う

1）自分の腹具合で選んで食べる、毎日が「ミニバイキング」

主菜と副菜の2品はテーブルの真ん中に大皿で盛りつけます。目の前にどーんと置かれたおかずは見た目もきれいです。「おいしそうやな」「いいにおい」「○○ちゃんが好きなにんじん入ってるで」と、子ども同士の食べ物の会話が自然と増えます。食卓が温かい雰囲気に包まれ食欲もわきます。

以前は、一人ずつ盛りつけていました。苦手なものがある時は「減らして」と言いにきて、「ちょっと食べてみたら、おいしいよ」「ちょっとだけ」「食べられない」「じゃ、これくらいなら」と大人との交渉やかけひきがありました。交渉の末に苦手なものを頑張って食べることでいいのだろうか？　という疑問から大皿盛りの取り組みが始まりました。

テーブル毎に大きなお皿に盛られたおかずを異年齢の子ども（5、6人）と大人が囲んで食べます。大きい子（主に4・5歳児）がお皿に取り分けたり、おつゆやごはんをよそったり、「どのくらい食べられる？」「大きいの？　小さいの？」と丁寧に聞きながら量や具を調節します。

大皿盛りのよさは、一人ひとりが自分の好みやその日の気分・体調・腹具合に合わせて自分で量を決めて食べることができることです、好きなものはいっぱい、苦手なものはちょっとだけ、自分で選択したり量を決めることで受け身ではなく自発的に食に向かうことができるのです。減らしてもらうのではなく「苦手やし小さいやつでいい」「ちょっとだけなら食べられる」と、自分で決めてよそうことができるのです。

人間は食べなければ生きていけません。それだけに大人はどうしても食べることを強いてしまいがちです。個別盛りだとなおそうなりがちです。しかしもう一方で、おいしく楽しく食べることも重要です。大皿盛りはバイキングと同じように、自分で選んで食べることで無理なく食べられます。バイキングは毎日はできませんが、「大皿盛り」は毎日が「ミニバイキング」のようなものかもしれません。

2）生きる土台としての「分かち合い」「支え合い」

大皿盛りの良さはそれだけではありません。小さい子は「大きいのがいい」「いっぱいちょうだい」と主張することもあります。大きい子が「いっぱいってこれくらいか?」と気にかけてよそい分けてくれます。

しかしおかわりが足りなかったり、何人かの子が取り合いになることもあります。そんな時、大き

きたの保育園　お米とぎ

きたの保育園

い子が「じゃあ半分こにしたら」と分けてくれます。時には半分こでは納得できない小さい子もいるのですが、その様子を見て違うテーブルの子が「残ってるし、あげる」と分けてくれるのです。大人が入らないでも子ども同士で分け合っている姿はとても素敵です。

室田洋子さん（元聖徳大学、発達心理学・臨床心理学）は「1個しかない食べ物を分け合って食べる。あなたと分け合う関係、というところに心の共有が始まるのです。分け合って食べると、『おいしいね』の共有が生まれます。ささやかなものを分け合い、やっと得られたものを共に喜び合う心の通い合いがあり、みんなが役に立ち合える居場所感がもてる。自分の居場所感が確認できるのが食卓[5]」だと述べています。

分け合って食べると心が通じ合い食卓が心地よい居場所になるのです。大皿盛りでの「よそい分け」は「分け合い」であり「分かち合い」にもつながります。

財政学者の神野直彦さん（東京大学名誉教授）は、「貨幣を使用しない『分かち合い』の経済は、人間の生命の基盤である。さらに市場経済が侵入しない家族は、『分かち合い』の経済となる。家族の構成員の誰かが病を患えば、その悲しみは家族内で『分かち合う』ことになる[6]」と述べています。分かち合いは、経済活動の原理であると同時に、人間同士が直にやりとりする人間関係の原理（支え合い）にもなるのです。さらに「生きものとしてのヒトの特徴には『分かち合う』があります[7]」と生命誌研究者の中村桂子さんも述べています。分かち合いは最も人間らしい暮らし方です。

4　人生に必要な知恵はすべて食卓で学んだ

毎日、1歳～5歳までの5～6人の同じメンバーで食卓を囲みます。

子どもたちは、友だちの好み（好き嫌い）をよく知っています。「いつも野菜あんまり食べはらへんから、初めからたくさん入れたらあかんねん」と普段から友だちの食べる様子をよく見て、好みも知っています。「小さく切ってあげようか」「おかわり入れてあげようか」と相手の様子に気がつくなど、自然な関わりが見られます。食事中はいろいろな会話が飛び交い、小さい子も大きい子の話を聞いて雰囲気を楽しんでいるのです。

大人が子どもを理解したり指導したりする以上に、子どもは食卓を通してお互いを知り、関わり方も身につけています。それは、なぜでしょうか。

前述した室田洋子さんは、食卓には、相手・距離・時間・頻度の4つの要素があると言います(8)。「相手」、通常食事はいつも同じ人と食べます。いつも一緒に食べるから相手をよく知るのです。「距離」、食卓に座ると人と人との距離は近くなります。本音が伝わる近さなのです。食卓を共にする「時間」は、大人も子どももお互いにいろいろな情報をやりとりします。「頻度」、当たり前の日常が繰り返される中で、本音もわかり、いろいろなことが身についていくのだと思います。

確かに食卓は毎日一緒に近くにいて、いろんなことが繰り返されるから、お互いを深く知りそれぞれの関わり方を身につけています。大人の意図的な給食指導とは違って、日々繰り返される暮らしの中で教えられることもなく、いつの間にか身についているのです。

『人生に必要な知恵はすべて幼稚園の砂場で学んだ』(ロバート・フルガム著/池央耿訳、河出書房新社)というタイトルの本がありましたが、人生に必要な知恵はすべて食卓で学んでいるのかもしれません。

5 台所職員の子どもへのまなざし
——食の専門家、一味違った子ども好きな大人

三島さんの実践記録では、次のような食卓の人間模様も描かれています。

●「食べることが大好きなY(1歳)」と題された一場面。「これ食べたらごちそうさましような」と言ったのに、Yは再び口もぐもぐ。H(5歳)がおかずを皿に入れてあげたようです。大人と目が合うと「えっ」ととぼけるH。Yの「もっと」の気持ちに素直に寄り添ってくれたのです。1歳と5歳が一緒に食卓を囲むからこその風景です。食べ過ぎるYも勝手にあげたHも注意しないで、子どもの行為をほほえましく見守るまなざしを感じます。

●N(5歳)が「キュウリをのりで巻いて食べよう」と言ってるのに、小さい子たちはのりだけ食べる、「まっいいか」と苦笑いしているN。「苦笑い」という表現に何とも言えない子どもへの慈しみを

感じます。

●K（5歳）「お酢の味がする」、T（3歳）「メスの味がする」、メスの味って何？　ちぐはぐな会話を楽しんでいます。室田洋子さんも「どうでもいいことをしゃべることで食卓の雰囲気は和んでいきます」[9]と述べています。食卓に1・2歳児がいるからこその「ちぐはぐな会話」が食卓を和やかな雰囲気にするのだと思います。

この食事風景の描き方は教育的なまなざしと違う何かを感じます。子どもの未成熟さを愛おしむまなざしです。台所職員は確かに「食の専門家」ですが、加えて「食べることが好きで子ども好きな一人の大人」です。いわゆる教育的視点を重視する保育者とは一味違ったちょっとゆるい感じのまなざしが、食卓を和やかにするのに一役買っています。

6　暮らしを「食」から「衣」や「住」（家事的作業）に広げることも

最後に、もう少し深めて実践してほしいことを提案させていただきます。

〈おうち〉モデルの暮らしは、家政学や家庭科教育学を参考にすると「家庭生活」（暮らし）と「家族関係」（人間模様）の2つの活動があります。これまでの「暮らしの保育」は家族（人間）関係を中心に実践されてきた傾向があります。家族関係もその基盤に家庭生活（暮らし）があってこそ成り立っています。特に家事（衣食住）は暮らしをしっかりと築く基礎です。今後は暮らしを、「食」に加えて「衣」や「住」にも広げて実践したらどうでしょうか。具体的には、掃除・洗濯・買い物です。例えば掃除。通常掃除は衛生や安全という視点から子どもが登園する前に行います。しかし、子どもが登園してから子どもの居るところで掃除してはどうでしょうか。見ていてお手伝いしたい子には手伝ってもらいます。また掃除機ではなく、雑巾と箒で掃除します。雑巾も、バケツを持ってきて絞って見せます。ごみも箒で掃いて塵取りで取ります。同じく洗濯も洗濯機ではなく洗濯板とたらいでやります。汚れが落ちる原理、洗濯物が乾く原理、暮らしの中には乳幼児期の子どもと出会わせたい科学の原理や生きる知恵が蓄えられています。

買い物も、できればセルフレジのスーパーではなく、お店の人とのやりとりができる個人商店でしたいものです。熊本市のさくらんぼ保育園（1～5歳の異年齢保育）は、各〈おうち〉に毎月3000円の予算があり家計簿もつけています。買い物は暮らしや経済の仕組みを感じ取るチャンスです。お勉強の前に、教えられなくてもいつの間にか身につけるたくさんのことが暮らしには埋め込まれています。

「暮らしの保育」の〈おうち〉は、家電製品に囲まれた現代の家庭がモデルではありません。乳幼児期に生きる基礎を育むためにちょっと不便で面倒な「昭和の暮らし」がモデルです。生きる力は暮らす力です。

食べる・寝る・遊ぶは子ども中心の「生活」です。現代の子どもの「生活」は、大人の「暮らし」と切り離されていることが大きな問題です。乳幼児期の子どもは大人の暮らしの傍らで、見よう見まねで育つことが土台です。大人が暮らしてこそ、子どもは大人の暮らしの傍らで育つのです。「暮らしの保育」の〈おうち〉は子どもの暮らしの場ですが、同時に大人が暮らす場でもあります。

暮らしのど真ん中に食卓と台所があり、その周りに掃除や洗濯など家事的営みを取り込んでいるのが「暮らしの保育」の風景です。

コメント・三島奈緒子——食事を作る人が子どもの身近にいる生活を大切にしたい

●〈おうち〉にキッチンがあることで、「作りたいな」と思ったタイミングで子どもと一緒に調理することができます。散歩で取ってきたツクシや畑のサツマイモの蔓がその日のおかずの一つとして食卓に並ぶ。生活がダイレクトに食体験につながっています。

●大人のしていることを同じようにやりたい子どもたち。食器棚から食器を出して次々と並べていく姿が可愛らしく、大人からすると（あ～今日はそれ使わないんだけど……）ということもあるけれど、やりたいーという気持ちが引き出される環境だなと思います。

●何気ない日々の生活に興味を持ち楽しむ中で、さまざまなことを子どもたちは学んでいると思います。洗濯は干さなくても乾かせ、掃除はロボットがしてくれる、料理をしなくても食べることに困らない、便利で大人も忙しい今の時代に、保育園でこうした生活の経験が保障されていることはとても大切なことだと思います。

●食事を作る人（台所職員）と子どもとの関係が身近であること自体が〝食育〟だと感じていま

す。台所職員が子どもたちの名前を覚え、どんな子かを知っている、また子どもからも名前で呼んでもらえる関係は保育園の生活をより豊かなものにしてくれると感じます。

●今は一緒に食べることはできていませんが、子どもたちにとって食べる楽しさを伝えてくれる魅力的な存在として、保育士とはちょっと違った目線で子どもたちの育ちを見守る存在として、台所職員が保育園にいる意味は大きいのではないかと思っています。

きたの保育園

第2章　暮らしとしての「季節と天気」「ご近所」、人間模様としての「1歳児」
――石坂聖子実践（ひまわり保育園）から

本章では石坂聖子さん（熊本市・ひまわり保育園）の「新園舎での一歳児からの異年齢保育にむけて――ひまわり長屋の『気配』を感じ合う暮らしを！」(1)を取り上げます。

ひまわり保育園は1955年設立、定員60名。1998年から3～5歳の異年齢保育、2014年からクラスを〈おうち〉と呼ぶ安心感を土台にした2～5歳の異年齢保育（暮らしの保育）、そして新園舎建設の前年の2021年10月から1～5歳の異年齢保育を始めました。第1章のきたの保育園同様私にとっては1998年以来一緒に歩んできた異年齢保育（暮らしの保育）の同志です。

現在2階に、1～5歳の異年齢の〈おうち〉「あさひのおうち」「こもれびのおうち」「こかげのおうち」「ゆうばえのおうち」があります。各〈おうち〉には15～16人の子どもと2人の大人が暮らしています。1階には、0歳児の「ひだまりのおうち」（子ども9人、大人3人）と「みまもり（事務

表１　おうち紹介（ひまわり保育園）

	あさひ		こもれび		こかげ		ゆうばえ		ひだまり（0,1歳児）		
	さとこ	りょうか	よしこ	きよみ	ひろこ	のりこ	あやな	いずみ	まゆみ	さえ	ちえ
5歳児	1	1	2	1	2	1	2	2			
4歳児	2	2	2	2	2	1	2	2			
3歳児	2	1	1	2	2	1	2	1			
2歳児	2	2	2	2	1	1	1	1			
1歳児	1	2	2	0	2	2	1	2			
0歳児									3	2	3
合計	8	8	9	7	9	6	8	8	3	2	3
	16		16		15		16		8		

みまもり（事務所）３名　　かまど（給食室）２名
看護師　１名　　フリー保育士　５名

室）」「かまど（給食室）」があります（表1「おうち紹介」参照）。

この実践記録は、新園舎での1～5歳の異年齢保育に向けて、2～5歳の異年齢保育を振り返り、1歳児が加わる意味を検討したものです。ここでは石坂さんの実践記録を引用しながら、暮らしとしての「季節と天気」と「ご近所」、人間模様としての「1歳児」に焦点を当てて、ひまわり保育園の暮らしの風景をひもときます。

１　季節を織り込んだ暮らし

１）気（季）ままな暮らし

石坂さんは、これまでの２～５歳児の異年齢保育から引き継ぐものとして、「季節や天気、その時の気分での暮らし」を挙げています。

まず「春の梅の時季には、頂き物の梅のへたとりをする。やってみたい子も入れ替わり立ち代わりやってくる。秋は散歩先で銀杏拾いをする大人の傍らで『くさい』と鼻をつまみながら様子をみている。冬の干し柿は天気が続きそうな日を見計らって柿の皮むきをしていると、いつの間にか片付けや次の作業の準備を一緒にしている。大人の傍らで、手伝ったり、味見したり様子をのぞきこんだりする。その気ままさがまたおうちらしくていい」と描写しています。

また、「天気が良い日は大人も子どもも外に行きたくなる。行先はその時の気分や様子でも決まる。気分がのらずお散歩に行きたくない子はご近所さん（他の〈おうち〉）にお願いして預かってもらい、逆に行きたい子がいれば連れていくこともある」と続きます。さらに「暮らしの中で必要なものがあったら作ったり、お小遣いを貰い買い物に行ったりもする」と描写されています。

ここからは保育というよりまるで家庭の暮らしが連想されます。この「暮らしの保育」の特徴は、まず季節と食べ物作りが一体化していることです。そして課題的な活動よりも「食べることに関わる季節の手仕事」を中心に置いていることです。

生活と切り離された場（学校等）では、大人の「教育的意図」が先行し「不自然な動機づけ」や「強制的な励まし」が多くなりがちです。それに対して「季節の手仕事」やそのための買い物は自分たちの暮らしに必要だと感じるから、生きいきと取り組みます。「暮らしの必然性」が子どもの活動の動機になっていることを見事に示しています。

また、1日の流れも天気に左右されます。晴れていれば園舎を飛び出し散歩に連れ出します。寒い日には寒い日なりの、雨の日は雨の暮らしを楽しみます。このように子どもたちは「大人の暮らしの傍らで」「気ままに」過ごしています。そこには「子ども主体」という気負いは感じられません。大人も子どもも一緒に過ごしています。

2）季節の時間感覚

川田学さん（前出）は「個人の発達は、誕生から死へと一方向的な時間の流れである。これに対し、季節は個人の生涯を越えて、円環的な時間を創り出す」と、発達と季節を対比的にとらえ、「季節は人間の統制以外の事象であり……季節は移ろい、くり返されます[2]」と季節の特徴を述べています。そして「発達は進む、季節は巡る[3]」と、発達と季節の違いをわかりやすく整理しています。

さらに「異年齢集団の場合、年齢を基準としたあそびは副次的な位置に下がります。より前面に出てくるのは『季節』です」と、異年齢保育が季節と親和性があることを指摘しています。[4]「暮らしの保育」を考える場合、人間中心の発達よりも、自然と一体化した季節の方が土台になっていることに気づかされます。そして成長を急かされやすい直線的な発達の時間と比べると、ゆっくりゆったりした時間の流れをつくり出し、それが気ままな暮らしにつながっていきます。

石坂さんが「気（季）ままな暮らし」と表現しているように、季節の「季」は気ままの「気」と重なり合うのだと思います。「脱季節化[5]」した現代、「暮らしの保育」はゆったりと繰り返し流れる季節の時間を織り込む必要があるのではないでしょうか。

３）暮らしの「祭事」と保育の「行事」

石坂さんは、「ひまわり長屋はイベントよりも日々の暮らしの積み重ねを大事にしてきた」「わざわざ大きな行事をしなくても、四季折々の暮らしを楽しむ大人の暮らしの傍らで、その姿を見ながら感じ学んでいくことができる」と述べています。「暮らしの保育」は、節目としての行事より「暮らしの彩り」としての「祭事」という感覚の方が合っています。

ひまわり保育園の「２０２３年度くらしの年間予定表」によると、４月から、なかまいり（入園）・春のつどい・しゃべり場・夏のつどい・ひまわり茶屋・秋のつどい・しゃべり場・冬のつどい・お別れ会・旅立ちのつどい（卒園）と予定されています。

ここには運動会や発表会は見当たりません。運動会は2013年（2～5歳の異年齢保育を始める前年）に、それまでの「見せる・披露する」運動会から、日頃、子どもが遊んでいることを親子一緒に体感する「親子スポーツフェスタ」に変えました。2015年には発表会も「おうちのつどい」に変更しました。コロナ禍を経て2023年度からは、「春夏秋冬でつどう」ことを基本に、「親子で楽しむ」「保護者も集う（つながる）」「おうち（クラス）で楽しむ」の3つを要素にして「くらしの年間予定」を立てるようになりました。お飾りになりがちな「保育計画」より変更も前提にした「年間予定表」の方が「暮らしの保育」に似合います。

この背景には、子どもは大きな行事をしなくても何気ない日々の暮らしの中で育っていくという確信が持てるようになったこと。そしてその分ゆとりが生まれ、子どもと一緒に季節を織りなした遊びや暮らしを満喫できるようになったこと。また「祭」の集う喜びを重視し、子ども中心の行事から「親子一緒に楽しむ時間」に徐々に変えて保護者の理解が得られるようになったことがあります。

季節や天気を織り込んだ暮らしは、旬の食べ物を味わい、季節を楽しむ散歩に出かけ、伝統的な「祭事」を大切に暮らすことです。地球温暖化による気候変動が緊急な課題となっている時代だからこそ大事な視点だと思います。

いずれもひまわり保育園

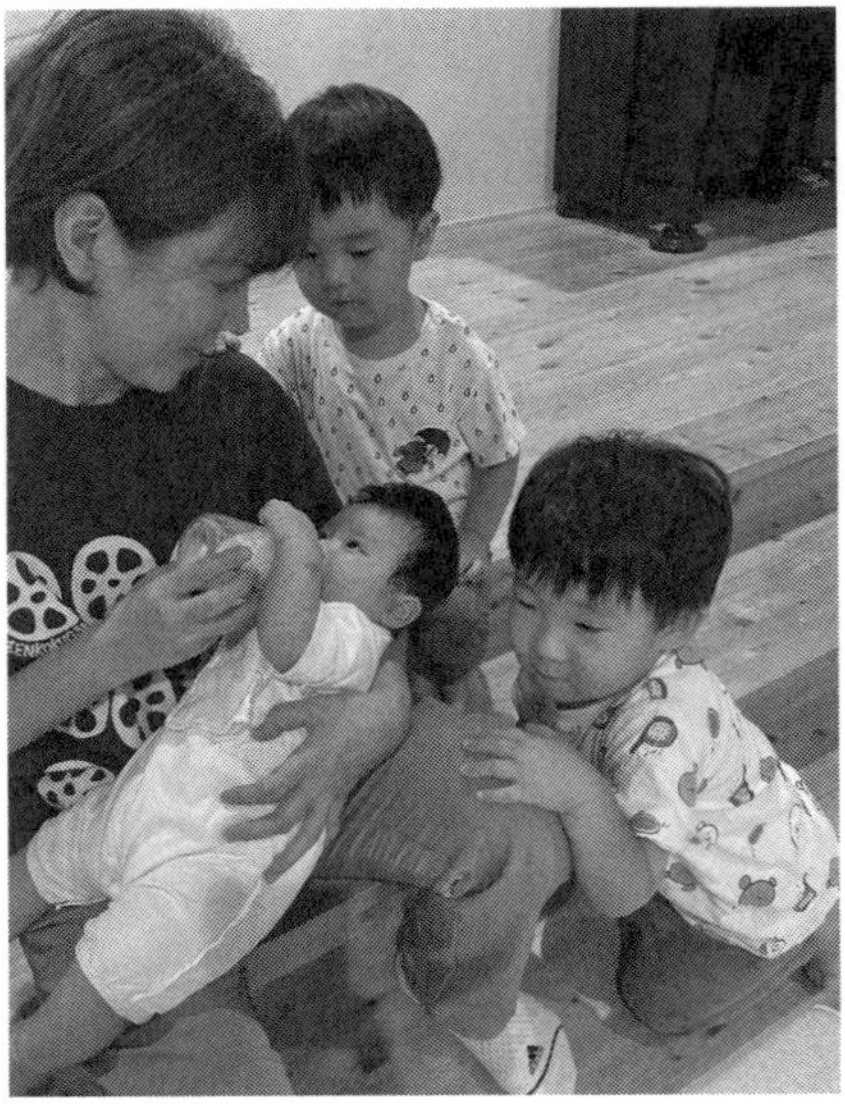

2 ひまわり長屋の「ご近所づきあい」

ひまわり保育園の〈おうち〉には3つの特徴があります。1つは、〈おうち〉の大人は「一人担当が基本」です。2つは、各〈おうち〉の集まりを自称「ひまわり長屋」と呼んでいます。3つは、「大人一人だと限界がある」ので隣同士助け合うために、「ご近所づきあい」を大事にしています。

1）ひまわり長屋の〈おうち〉――大人一人と少人数の子どもの「小さなおうち」

異年齢保育では年齢差があり、活動時間にも幅ができるので複数担当にするのが一般的です。しかしその分〈おうち〉の子どもの人数は増えてしまいます。ひまわり保育園では、2～5歳の異年齢保育に転換する際に、20人・30人の〈おうち〉は大きすぎる、一人ひとりを丁寧に子育てしたい、と大人一人と少数の子どもの「小さなおうち」にしたのです。

新園舎になった現在も、1つの〈おうち〉に2つの〈おうち〉が同居する形をとっています。例えばあさひの〈おうち〉は子ども16人ですが、大人の名前をとって「りょうかさんち」（8人担当）と「さとこさんち」（8人担当）がシェアして住んでいます（前掲表1「おうち紹介」参照）。担当制をベースにしたシェアハウスのイメージです。

2）ひまわり長屋――〈おうち〉と長屋の関係

ひまわり保育園が「ひまわり長屋」と自称し始めたのは、旧園舎が長屋のように古ぼけていたからだけではなく、かつての長屋のご近所づきあいに注目したからです。このとらえ方が、３）のご近所づきあいにもつながっています。

まず、保育園を「学校」ではなく「長屋」、つまり「住宅」としてとらえました。これは保育園が、教育施設ではなく居住施設・生活施設、つまり学ぶというより一日過ごすところ、暮らすところという大きな発想の転換につながっています。

一般的には、住宅は戸建てと集合住宅（共同住宅）に分けられます。集合住宅（共同住宅）と言えば「アパート」「マンション」「公営住宅」「団地」が思い浮かびますが、長屋も集合住宅の一種です。長屋の中の〈おうち〉ととらえたことで、長屋の筒抜けのご近所づきあいにつながったのです。

3）ひまわり長屋の気配を感じ合う暮らし

石坂さんの実践記録には、「ある日の食事中、食べることが大好きなＫ（２歳児）が『まだ、お魚食べたい』と言うがおかわりはなくなっていた。大人が『もうなくなったんだよねー』と言うと、ご近所のM（5歳児）が『K君おいで』と呼び、自分の〈おうち〉のお魚をついであげる姿があった。筒抜けのご近所さんならではの関係である」。また大人も「目では見えないが声や音からその様子が伺える。しかもいつもと様子が違う時は『大丈夫？』と声をかけ、気にかけ合う関係でもある」と記述されています。

学校的なクラスだと隣のクラスに声が響かないように気を遣い合う関係になりがちです。しかしひまわり長屋では、隣の声が筒抜けなのを逆に隣同士「気配を感じ合う暮らし」になるのです。そしてさらに「気にかけ合う関係」「お互い様の関係」にまで発展させていきます。まさに「令和の長屋」です。

だからでしょうか、お昼ご飯を隣の〈おうち〉で食べる子もいます。大人も「うちの子」だけでなく「他所の子」のこともよく知っています。さらに大人が不在になる時は、代わりの職員が手伝いに入るのが普通ですが、ひまわり長屋では、子どもをご近所さんに預かってもらいます。現代の近隣の関係ではあまり見られなくなった付き合い方です。

石坂さんは、ひまわり長屋のご近所さんは2つのタイプがあると言います。1つは「筒抜けのご近所さん」、いつでも行き来可能な「お互い様の」ご近所さんです。もう1つは「少し離れたご近所さん」、適度な距離感があり「気分を変えに行くのにとてもいいご近所さん」です。

昔から日常親しく交際する近隣を「向こう三軒両隣」と言いますが、まるで同じです。孤立した子育てにならないためにも、「向こう三軒両隣」は理想的な子育て環境だと思います。ひまわり保育園の〈おうち〉は、昭和の暮らし風の〈おうち〉、いい意味で教育熱心な〈おうち〉、ノリがとてもいい〈おうち〉など、それぞれの家風があります。

学校的なクラスは「揃える」関係ですが、ひまわり長屋の〈おうち〉は「うちはうち、他所は他所」という関係です。それぞれの家風を尊重し合ったうえで助け合っています。「血縁や制度によらず相手を家族という意識で一緒に生活するコミュニティ」を「拡張家族」（石山アンジュ）と呼ぶのだそうです。ひまわり長屋も「拡張家族」と言えるかもしれません。家庭とも保育園とも違った第３の居場所です。大人の関係も学校のような「同僚」ではなく、子育て仲間という雰囲気です。

３　１歳児がいるのが当たり前の暮らし

１）２～５歳に１歳児が加わった風景――大きい子にとっての１歳児

石坂さんは、「たまらなく可愛いけれど、思うようにいかない1歳児」「見た目も小さく動きもぎこちなく、言葉もたどたどしい。まだまだ本能のままに生きていて、喜怒哀楽がはっきりしている。しかし怒っていても泣いていても無条件にとにかく可愛い」存在としてとらえています。これまでの２～５歳児に、こんな1歳児が加わって本当にやっていけるだろうか、というのが当初の不安だったでしょう。

年度末の1歳児の異年齢クラスへの移行の様子。「大きい子たちは1歳児のお世話をしようとするが、1歳児が警戒して『ふられてしまう』『片思いの時期』があります。しかし言葉で思いを上手に表現できない1歳児相手に、戸惑いながらもどうすればよかったのかあれこれ必死に思いめぐらし、思うようにいかなくても『仕方ないなあ』『ま、いいか』と、モヤモヤしたりする気持ちを自分なりに落ち着かせていく」のです。

1歳児もいつのまにかお兄ちゃん、お姉ちゃんの名前も覚え、大きい子たちを慕うようになります。大きい子たちも自分を慕ってくるそんな1歳児がたまらなく可愛くなり、相手をしてくれます。時にはいやいや真っ盛りの1歳児を見て、少し前の自分に重ねながら「牛乳ちょうだい」と言っているんだよと通訳もしてくれます。そんな様子を見ながら1歳児が加わることの不安が徐々に楽しみに変わっていくのです。

2）1歳児だけの1歳児と1～5歳児の中の1歳児の違い

さて、当の1歳児はどうでしょう。2歳児は「自分のことを一番小さいとは思っていなく、大きい子たちと何でも同じつもりでやってみる」と記述されています。これは、1歳児にはもっと顕著に表れるように思います。1歳児も1～5歳に混じってしまうと、どうやら自分が一番小さい1歳児だとは思っていないようです。自我は芽ばえても、1歳という自覚が弱いのです。自分の実力がわかっていないのです。「身の程知らずの1歳児」です。だから「大きい子たちとなんでも同じようにやってみる」のです。こんなこともあってか、1～5歳の異年齢保育では排泄の自立が早いと言われています。また、かみつきも少ないと聞きます。

1～5歳の異年齢保育の特徴を考える時に、川田学さんの「異年齢期カップリング」論が参考になります。異年齢期カップリングとは「乳児期、幼児前期、幼児後期の3年齢期の混ざり」のことです。つまり3～5歳児の幼児前期と幼児後期の2年齢期の組み合わせより、乳児期の1歳児が加わった3年齢期のほうが、「そこでの子ども同士が織りなす出来事はより複雑」になり、「こうした異年齢期の混ざりとそこからで生みだされる出来事」が「本格的に異年齢保育の様相」を呈するというのです。(6)

1歳児が加わって織りなす世界はまさに複雑でドラマチックです。ことの顛末が原因結果では測れないのです。私はそれを生態学の「生態系模様」に倣って「人間模様」と呼びます。「複雑なものは複雑なままで(7)」（千葉雅也）扱うしかないのです。

3）大人にとって1歳児が加わることでの変化

1歳児が加わることで大きく変わるのは、大人も同じです。

まず、大人だけでは手が回らないときもあるので、「大きい子たちの手を借りて」やっていくしかないのです。意外や意外、バタバタしている大人に「大丈夫？　こっちは大丈夫だけん、小さい子の手伝いしてきて」と言ってくれます。大きい子たちは周りの状況をよく見ています。小さい子たちのお世話をしてくれることもありますが、それよりも自分たちが大人の手をわずらわさないように気遣いしてくれるのです。それだけでも本当に助かります。自然と「ありがとう」とつぶやいています。大きい子たちを頼りにしながら暮らしていけることに気づくのです。

1〜5歳児の中に1歳児が居るといろんなハプニングが起こり、「予定通りに進まない」のです。しかし、目の前の大きい子と見比べながら「小さいんだから仕方がないよね」という諦めが気持ちのゆとりにつながります。また、大きい子たちの1歳の時の姿を思い出しながら「そのうちにできるようになるよ」と、成長を長い目で見守るようにもなります。そうすると子どもを見るまなざしが、「どんな姿もその子」と多面的になっています。子どもが愛おしくなり、大らかに構えられるようになっていきます。

ひまわり保育園

コメント・石坂聖子――新園舎での1～5歳児の暮らしになって1年

1歳児が入った日々は今までと大きく変わり、まだまだ私たち大人も考え悩み、試行錯誤しながら必死にやっている毎日です。しかし、バタバタしていても癒やしと笑いをみんなに与えてくれる1歳児の存在が安心感につながっているのではないかと感じています。

●たまらなく可愛い1歳児は大きい子にとってほっとけない存在です。大人のやり方を真似てみたりしていますが、うまくいかないと大人の顔を見て助けを求め、うまくいくと大人と目を合わせてにっこりする大きい子。1歳児の成長を一緒に喜ぶこともあります。だからこそ相談したり、あてにしたりしていくことが増えてきたのかもしれません。しかし、〝本当に困った時はいつでも助けるよ〟いう大人のまなざしも大事にしたいと思っています。

●まねっこ大好きな1歳児は大きい子の姿を見て真似しようとします。男の子は立っておしっこする真似をします。梅のへたとりも爪楊枝で表面をなでるだけですが、やっている気分を味わっているようです。いつのまにかやり方を覚えていくのは、「やってみたい」と思える大きい子の姿がいつも近くにあるからこそだと思いました。

●1歳からの異年齢になって、他の〈おうち〉との助け合いのご近所づきあいがさらに増えてきました。生活リズムが違う1歳児がいることで、そうしないとやっていけないことが多くなったからです。また異年齢の〈おうち〉だけでなく、月齢の低い1歳児は0歳児の〈おうち〉に預かってもらうことも増えました。ご近所づきあいの関係の中で子どもたちも行ったり来たりしながら、自分の〈おうち〉だけでなく、その時々で心地よい居場所を見つけていけるといいなと思います。
●季節の祭事のイメージはちょっと昔の子ども会です。田舎で育った私は、この時期にはこんなことをしていたなあと子どもの頃の記憶を季節とともに思い出します。今は便利になり、外に出て行かなくても人と会わなくても、季節を感じなくても楽しむことができます。だからこそ、ワイワイガヤガヤしながらも賑やかで温かい記憶を、季節が巡る度に子どもたちが思い出してくれたらいいなと思います。

さくらんぼ保育園

Ⅱ 「暮らしの保育」の子どもの育ちと大人のまなざし

さくらんぼ保育園

第3章　「子ども理解」から「子どもへのまなざし」へ
――子どもは理解の対象でしょうか？

1　「子ども理解」への違和感

保育現場では「子ども理解は保育のあり方を変えるほどに保育の中核をなすものであり、むしろ保育は子ども理解をもとに組み立てられている」[1]とよく言われています。しかし、私自身は異年齢保育の世界に身を寄せて20数年、最近では〝子ども理解〟とか〝子ども主体の保育〟に違和感が芽生えています。

さて、異年齢保育について発達心理学から言及した論文は、川田学さん[2]と三宅英典さん（金城学院大学、教育心理学[3]）を除いてほとんど見当たりません。

川田さんも指摘しているとおり、保育や教育の現場は、年齢に準拠した発達研究の成果をもとに「発達段階をふまえた保育」が展開されています。川田さんは「発達研究として異年齢をどう扱うか」を問う中で、現在は「異年齢の実践を参照することを通して、発達を個人のものとみなす発達観を相対化する必要」があり、「作業仮説的なレベル」であるとしています。同時に「異年齢であることが形式化し、『異年齢ありき』に陥ってしまう[4]」ことを戒めています。

また私の知る限り、下田浩太郎さん（ひらお保育園保育士）は異年齢保育と子ども理解に言及している唯一の論文を執筆しています。下田さんは年齢別保育から3～5歳の異年齢保育実践園に転職したことで、例えば年齢別の「横に太らせる4歳児」が当初「どっちつかずの4歳児」になり、しかし「どっちにもなれるお得な4歳児」という見方に深まり、子ども理解が大きく変わったと報告しています。さらに「年齢幅があることで発達に対して長いスパンで見通しを持つことで子ども理解に『ゆるさ』が持てるようになった[5]」とも述べています。しかし異年齢保育における実践的な子ども理解と学術的な研究はまだ乖離した段階です。

本章では異年齢保育（暮らしの保育）を考えてきた中で、「子ども理解」についての違和感とうっすらと芽生えてきた新しい見え方について述べます。理論的な根拠はあまり示せませんが、日頃異年齢保育の実践者と付き合う中で実感したことを、異年齢保育の実践記録の事例を紹介しながら提起します。

2　子どものことは、子どもがよく知っている

異年齢保育では、子どもを理解の対象ととらえていないような気がします。なぜでしょうか。「『Aはなすび嫌いやけん、へらす？　頑張る？』と聞いて配膳したり、お互いのことをよく理解した言葉が出てくるようになりました」（3～5歳の異年齢保育）[6]（以下、（　）内に表記した○歳～○歳は、「異年齢保育」の形態を指す）と言うように、食事場面を中心に子ども同士、お互いの好き嫌いをよく知っている記述が多く見られます。

また、「仲間や大人・人が大好きで友だちや仲間のことをよく見ていて、ふとした時に『○○のこういうとこすごいよね！』『○○ってこんなことよくしってるよね！』という声がきこえてくる」「心の中で思っていることはあるが、声を大にして言うのではなく、ふとした時にこそっと伝えてくる子たち。周りのことや人を冷静に一歩後ろでよく見ていて、○○ってこんなことしているよねとか、こんなところあるよねと、いいこともそうでないことも理解している子たち」（1～5歳）[7]。子どものことはある意味大人より子どもの方がよく知っています。大人の知らないところも、子ども同士よく知っていることに驚かされます。家庭でも親よりきょうだいの方がよく知っているのと似ています。子どもという同じ立場で、長い時間を共有して過ごしているからだと思います。

異年齢の暮らしでは、見よう見まねの育ち合いが特徴ですが、模倣（見まね）の前提としての観察

〈見よう〉がお互いを知るためにも必要なのです。保育者の発達論的視線とは違った、一緒に暮らしている仲間のまなざしです。しかも異年齢なのでお互い見た目の違いも含めていろいろ気づきやすいのだと思います。

子どものことを知りたければ子どもに聞けばいいのです。谷川芳秋さん（京都・あらぐさ保育園園長、3～5歳）も、子どもは子ども理解の「師匠」だと言っています。前述の記録も、子どものことは子どもなりの見方でお互いよく知っていることを大人が知っているからこその描写です。だから、大人の視点だけで子どもを理解しようという姿勢にならないのだと思います。

「子ども理解」という言い方は子どもを理解の対象としてとらえていて、上から目線を感じます。子どものことは子どもに聞いてみようという姿勢はもっと対等というか、「子どもと一緒に」という〈暮らしのまなざし〉です。まなざしとは単に視線ではなく、対象となる子どもをどう認識するかという「子どもの見方」を含んでいます。「子ども理解」という問題が大人に跳ね返り、大人の子ども観そのものが問われているのです。

異年齢保育では、「子ども理解」より「子どもへのまなざし」が似合っています。

3 「直接理解」より「間接理解」

子どもを知りたければ子どもに聞けばいいと思うのですが、そうはなっていません。なぜなら、これまでの子ども理解は、大人が子どもを理解するという一方向であり、しかも発達理論に依拠した理解の方法に力点が置かれてきたからです。

『幼児理解と評価』（文部科学省、２０１０年）では、「幼児理解は、教師が幼児を一方的に理解しようとすることだけで成り立つものではありません。幼児も教師を理解するという相互理解によるものです」と「相互理解」も指摘されているのですが、あまりにも大人の子ども理解に力点が置かれていたのです。

子どもが子どもをどう理解しているか、それを大人が理解する「間接理解」が弱かったのではないでしょうか。異年齢保育（暮らしの保育）では、大人が子どもを「直接理解」しようとするより、大人は子どもに教えてもらう「間接理解」の仕方が必要です。実践的には何気ない場面でさりげなく聞いてみる、時にはインタビューしてみることなどが考えられます。保育研究においては、こうした間接理解」の意味や方法がもっと研究される必要性が増しているのです。

4　少し先と前の自分と重ね合わせて実感的にお互いを知っていく

では子どもは子どもをどう知っていくのでしょうか。そして大人の子ども理解とどう違うのか探ってみます。

まず子どもがお互いを知っていく過程は、先ほどの食事場面のように心を理解しようとするより

「事実」を通して「事実」を積み上げて相手を知っていきます。大人は事実より先に心をわかろうと内面理解に先走り、かえって子どもの気持ちと遠ざかっているような気がします。子どもは心の前に事実（生活）を見ています。大人は子どもはどんな事実に目を向けているかを探る必要を感じます。

また異年齢保育では「少し先の自分と少し前の自分がいつもすぐ近くに存在している」（１〜５歳）[8]ので、少し先と少し前の自分と重ね合わせてお互いを知っていくのだと思います。子どもがＡちゃんは「１歳半の節」越えたねとか、一人前意識の３歳児なんて保育者のような発達論的理解はしませんし、できません。さらに、

「（畑の野菜を見に行こうと大きい子たちを誘いました）『いくいく〜』と大きい子４、５人が集まり園の門から出ようとすると、どこで見聞きしていたのか、見渡したところにはいなかったはずの、こうと思ったら雨の中でも外に出て遊びきる、目が離せない存在の１歳児のＡ君が猛ダッシュで門のところに。（あっやばい）ととっさに思い、急いで門を閉めると、柵にしがみつき、『いくう〜』と大声で柵をガツンガツン――その姿に（うわあーこんなことホントにするんだー）とおかしくなり、しばらくその姿に見入ってしまいました。どうしようか迷っていると、『まあいいんじゃあ』と天の声がします。その声の主は、いつもはやんちゃで人の話は上の空、とってもお調子者の４歳児Ｉ君でした。『えーっ？』と半分笑いながらしぶしぶ門を開けると、一応申し訳なさそうに頭を垂れ、でも満面の笑顔でとことこ歩いている姿に再び笑いをこらえました[9]」

この事例では、４歳児Ｉ君は１歳児のＡ君がどんな子かよく知っているだけでなく、Ａ君が醸し出す雰囲気と保育者の困惑した状況を感じ取って「まあいいんじゃあ」と天の声を発したのだと思います。子どもは大人が思っている以上に状況や雰囲気を感じ取っているのです。子どもは個別的理解と状況理解を重ね合わせて、全体の雰囲気をつかみ判断しているのです。

5　子どもが大人をどう見ているかを知る

子どもの間接理解という前に、もっと別な視点も必要です。

子どもは大人の行為や所作を超えて、その背景に暮らしぶりや人柄も含めてさまざまなことを見て感じ取っています。「子どもは親（保育者）の背を見て育つ」のです。だから、大人の暮らしぶりはいい意味でも悪い意味でも大きな影響を及ぼします。私たち大人は自分が子どもにどう映っているのか知っておかなければならないのです。これまでの「子ども理解」はこの視点が弱かったのではないでしょうか。

「毎年恒例のお餅つき、今年杵で餅をつくのは入職したばかりの男性保育士Ｓさん。実はダンスをしていた時、勢い余ってテラスをぶち抜き足を怪我して松葉杖になったことがあったのです。子どもたちにはちょっとおっちょこちょいで頼りなく見えていたのかもしれません。餅つき当日子どもたちは『Sさんだいじょうぶ?』と心配しながら見つめていました。無事終わると、『Sさんへたくそやったな~』『危なかったしな~、でもかっこよかったで』と気遣ってくれる子どもたちでした[10]（1~5歳）

この事例から、子どもは大人をよく見て大人の弱さも含めてよく知っていることがわかります。「暮らしの保育」では、子どもは大人を「先生」としてより「一緒に暮らす大人」いや「一人の人間」としてみているのかもしれません。おそらくこの子どもたちはSさんを保育者というより一緒に暮らしている「身内」感覚でとらえているのではないでしょうか。だから『Sさんへたくそやったな~』『危なかったしな~、でもかっこよかったで』と気遣ってくれたのだと思います。

以上のことから、「子ども理解」ではなく「子どもへのまなざし」と言い替えたほうがいいのではないでしょうか。

あさひ森の保育園

第4章　発達論的「理解」から実感的「理解」へ
——子どもは手持ちの力で今を精一杯生きている

1　発達保障：異年齢保育は異年齢でも同年齢でも育つお得な保育

これまでの年齢別保育は大筋では「発達段階をふまえた保育」「年齢別の発達課題の保障」を中心に展開されてきました。また異年齢保育を始める時も、必ず「年齢別の発達は保障できるのか」が問われます。以下は、年齢別保育から異年齢保育に移行して2年目の記録です。

「発達保障は？　と心配していたことも、〈おうち〉（クラス）の中で、その年齢らしい活動はできるし、3・4歳児は身近にいる上年齢の子どもたちを見てどんどん模倣・まねをしながら力をつけたり、下の子に刺激されて一緒に鉄棒の練習をする姿を見ると、子ども同士の関わりの中に教育力があふれていると感じます」（平田友里、３～５歳児）[1]

最初年齢別保育でこだわっていた発達課題は、異年齢保育実践が積み上がる中で「薄れていく課題」になったようです。なぜでしょうか。平田さんの記録に補足します。

異年齢保育のクラスでも同年齢の子もいるからです。平田さんのやまのこ保育園も、５歳児６名、４歳児５名、３歳児９名と、同年齢の仲間がちゃんといます。年齢別保育は同年齢だけの集団ですが、異年齢保育は同年齢と異年齢の両方の集団で構成された集団です。異年齢保育と言うと「異」だけが注目されて「同」の集団が見えにくくなっているだけのことです。

異年齢クラスの中でも自然と同年齢で関わり合っているのです。時には他クラス（部屋）の同年齢の子を誘って遊ぶこともあります。異年齢保育の中でも「その年齢らしい活動」ができているのです。しかも同年齢だけの育ち合いとはまた一味違った、少人数の同年齢集団の濃密な関わり合いがあります。年齢別の発達課題は同年齢と異年齢の両方の育ち合いの中で豊かに獲得されています。

2　発達課題：「やりたくなった時がやり時（どき）」

異年齢保育の良さは実感しながらも、年齢別の活動の意味も捨てきれず、発達課題や発達保障というとらえ方を引きずっている時期もあります。

西本紫舞さんの異年齢保育3年目の記録を見てみます。

「年長児5歳のコウキは、今は工作名人、しかし昨年まではそうした姿はありませんでした。それどころか3歳の頃、ハサミを手にして悪戦苦闘していたのです」西本さんはこのことを振り返り「年齢別（保育）の頃なら、ハサミ使いにしても3歳ならこの位、4歳ならこの位とやっていましたが、異年齢（保育）になり、したくない気持ちを尊重する中で、このままできなかったら……という不安に揺れていた私。しかし今年のコウキを見ていたらやりたくなった時がやり時で、異年齢の中でお兄ちゃんたちがやっているのを見てきたからこそ、そのやり時パワーはすごいのかなーと思いました。……発達はちょっと横に置いといて、その子のやり時を、大人が配慮するわけでもなく、自然とパワーとして貯めていけるのが異年齢なのかと思います」（1歳〜5歳）[2]。

異年齢保育では、年齢別の発達課題をちょっと横に置くと、子ども自身やりたいと思った時にそれまで蓄えた力を一気に発揮してその課題を乗り越えていくというのです。そのことを簡潔に「やりたい時がやり時」と表現しています。名言です。発達課題の保障は、年齢より子どもが「やりたい時がやり時」と考えれば「発達段階」のとらえ方がゆるやかになります。

発達心理学の浜田寿美男さん（奈良女子大学名誉教授）は「（子どもは）いまの手持ちの力を使っ

て、それぞれの生活世界を作り上げていくしかないのです」「新しい力が生れるとすれば、それはその結果でしかありません(3)」と述べています。

子どもはその年齢で今持っている手持ちの力で精一杯生きて、エネルギーが満ちた時がやりたい時であり、やり時なのです。しかし、「子どもはいつも手持ちの力で精一杯生きている」という子どもに向ける信頼のまなざしがなければ、発達論へのこだわりが解けないのです。その子のやり時が待てないのです。つい乗り越えさせようと励ましてしまうのです。私たちは自分たちが思っている以上に年齢別の発達課題にこだわっていたのです。発達論的理解をちょっと横に置くことが求められます。

3　目の前の子どもたちの姿から「実感として」発達を理解する

年齢別保育の場合は目の前には同じ年齢の子どもしかいないので、意識して理論的に年齢別の発達の特徴やすじみちを学習しなければなりません。しかし、異年齢保育の保育者の目の前にはさまざまな年齢の子どもがいつもいます。目の前の子どもを無意識に比べてその年齢の特徴を視覚的に実感としてとらえています。同時に、育ちの過程（すじみち）もそれほど意識しなくてもつかむこともできます。異年齢保育の保育者は、視覚的・長期的に、実感として発達を理解する機会に恵まれているのです。年齢別保育での理論的発達理解に対して、「実感としての発達理解」と特徴づけられます。またある意味、無意識に発達を理解しているので、年齢別の発達課題に縛られないのです。それが強みでもあります。

もちろん発達理論が不要だと言っているわけではありません。発達理論にとどまらず様々な理論や知見を学ぶことは、保育者の視野を広げ、課題を解決していく一助になります。そのこととは別に、すでに述べてきたように目の前の子どもの姿からリアルに感じとること、また、子どもに聴く、教えてもらうということを土台にするべきだと思います。さらにこれまでの発達理論そのものの検討が求められています。

4　「どんな姿もその子」と多面的に見ます

また発達に凸凹がある子、いわゆる「気になる子」の保育について、異年齢保育のなかでも検討されています。そこで見えてきたことがあります。

異年齢保育で目の前に「気になる子」がいても、以前同じように気になっていた目の前の別の子の姿を思い出し、「そういえば、4歳のあの子も1歳の時はそうだった」と参考にすることができます。そして1歳の子の育ちに思いをめぐらせて「今すぐにできなくてもそのうちできるようになる」と今の姿にとらわれることなく、ちょっと長いスパンで見ることができ、焦って対応しなくて済みます。

子ども自身も自分よりちょっと小さい、まだあれこれできない子が目の前にいるので、できなくてもそんなに不安になりません。異年齢保育では「できる・できない」が目立たないので、安心して過ごせます。そうすると大人もこのように、気になる姿を今すぐ対処すべき課題ととらえなくなります。それだけでも初期対応としては充分だと思います。おおらかに構えて丁寧な対応ができます。

また異年齢保育では一斉の活動は少なく、それぞれ好きな友だちと好きなことをやることが保障されています。そこでは、食事や遊びなど多様な場面でいろいろな年齢の子と関わり合いがあり、多面的な姿が見られます。あの場面ではこうだったけどこの場面はこうだったと、いろんな見方をします。「その子らしさ」という見方よりも、「どんな姿もその子」という多面的なとらえ方に変わります。子どもたちにとって異年齢な保育空間が、誰も排除されない安心して過ごせるインクルーシブ（包摂的）な居場所に近づきます。

5　異年齢保育（暮らしの保育）の発達論を

異年齢保育の実践もそれなりに長くなってきたので、ここ数年年齢別保育を経験したことがない異年齢保育の保育者も増えています。例えば異年齢保育10年目のさくらんぼ保育園（熊本市、１〜５歳）は、正規の保育者の中で年齢別保育経験者8名、未経験者が15名です。もう異年齢保育の経験しかない保育者が主流になる新しい時代です。ところが、異年齢保育に取り組んでいても年齢別の発達論に縛られ引きずられながら保育してきました。しかし異年齢保育（暮らしの保育）には異年齢保育（暮らしの保育）の発達観・発達論が必要な時代になったのです。

そこで今、注目しているのが浜田寿美男さんの子ども観・発達論です。

浜田さんに学んだ子ども観・発達論を3点整理してみます。

1つは、子どもはいつも手持ちの力で精一杯生きているという子ども観、発達の土台としての子ども観です。

浜田さんは、「(子どもは) いまの手持ちの力を使ってそれぞれの生活世界をつくりあげていくしかないのです。新しい力が生まれるとすれば、それはその結果でしかありません。それは『子どもは今の力で今を生きている』のであり、『子どもは子どもの本番を生きている』のです。あえて言えば人は発達のために生きているのではありません」とも述べています。「『発達』ということばには、次にやって来る将来に向けての『準備』という発想がどうしてもついてまわる。『教育』ということばでもそうだ。子どもを教育するのは、将来育って欲しい姿をイメージして、そこに向けて教え育むのだという発想で、そこにもまた大人への準備という意味合いが背後に潜んでいる。……(教育は) 結果として大人の準備になるための基礎になるのである。逆さまに考えてしまう」。発達と教育が手を携えて「結果としての育ち」をないがしろにして、「大人への準備」を先急ぎしているという指摘として学べます。[4][5]

2つはこのような背景として「(同年齢) の1年単位の輪切り集団」というとらえ方とそれへの強烈な批判です。

「学校制度が我が国にできて140余年。少子化によるきょうだい数の減少、地域集団の衰退とあいまって、子ども集団は完全に同学年・同年齢の輪切りになって、異年齢の子ども集団は『異年齢交流』を行事的に組み込まなければならないほど例外化した。子ども集団がこんなふうに同年齢で輪切りにされたのはおそらく人類史上初めてのことである」[6]と述べています。同年齢輪切り集団とは「子どもたちがみな同一年齢の中にかき集められ、囲われている」状態です。そして「今や同年齢の輪切り集団が子ども集団の中心軸・唯一軸になっている」と述べています。[7]

これは学校へ向けた批判ですが、同年齢輪切り集団は保育園でも同様です。この同年齢輪切り集団は、「その同質性ゆえに、相互に支え合い、守り合うような関係はなかなか生まれない。むしろそこに生まれるのは、奪い合い、競い合う」関係で、事実上「むき出しの人間関係」[8]であると、その問題点を指摘しています。これまでの年齢別保育に依拠した教育学的保育論にはなかった鋭い指摘です。

3つは「非対等な関係で育つ力」を真ん中に置いた発達論です。

これは異年齢保育を直接支える発達論です。「対等な関係」は主に同年齢で「群れ集うと同時に競い合う」関係です。「非対等な関係」は主に異年齢で「守り・守られるという営みも相互に交し合ってきた営み」[9]です。守り守られる関係は同時に「守られっぱなしではない」関係です。3歳児だって大人や大きい子に守られるだけでなく、小さい子を守り大人にあてにされ喜ばれて育っていくのです。「年齢幅の大きい暮らしの保育」には、「同年齢輪切り集団」の発達論ではなく、「非対等な関係で育つ力」を真ん中に置いた発達論の構築が求められています。

第5章 変化する大人のまなざし

――「知る」「気にかける」「拾う」「距離感」

「暮らしの保育」の実践では、子どもに向かう大人のまなざしが、これまで「あたりまえ」と思われていた視点とはずいぶん変わっていきます。事例や実践者の気づきを分析して整理します。

1 子どもを「理解する」ではなく「知る」

くまのまえ保育園（名古屋市、1～5歳）の田中朋子さんは、「（子どもの知るを）〝知る〟ことから、その子その子が、大人自身も、感じて考えていけることが大切だと考えています」[1]と表現しています。

たしかに子どもを「理解」するとか子どもを「わかる」というより、子どもを「知る」の方が子どもと同じ地平に立っていて、子どもと対等な感じがします。また「理解」は客観的な視線ですが、「知る」は一緒に暮らす中で感じ取る主観的なまなざしです。さらに結果としての「理解」と、過程としての「知る」という違いもあるような気がします。

「子ども理解」より「子どもを知る」こと、その子が気になって知ろうとすること。それは子どもと同じ時間と空間で過ごす中で、何となく感じ取るものなのかもしれません。「わかる」より前に「感じる」「知る」が先です。したがって、「暮らしの保育」では「理解する」「わかる」があまり使われなくなり、「知る」というまなざしに変わっているのです。

2　子どもの声は「聴く」より「拾う」

「（ただ今縄跳びブーム）。その日、屋上で跳んでいたKちゃん（5歳）。そこに近づいてくるOちゃん（2歳）。何気なく手を伸ばし縄を止めます。止められたKちゃんは『あ～もう！』と言い小さいさんの姿を見て、この時はそれ以上何も言っていませんでした（満足するまで跳べたかな……）。その後、様子を見ていると給食を一番に食べ終わり片つけを済ませ、テラスに出ていきました。まだ誰もいないことがわかるとテラスに縄跳びを持っていき跳び始めます。途中窓越しで食器洗いをしていた大人と目が合うと『いまね～、とんでるー』といきいきした姿のKちゃん。私も『ホントね～！　今ならいっぱい跳べるねー』と伝え、Kちゃんが満足するまで見守りました」（1～5歳児）(2)

Oちゃんに縄跳びを邪魔されて不満は持ちながらもその場を済ませたKちゃん。しかしやっぱりもっと縄跳びしたかったのでしょう。だから給食を人より早く食べて、誰もいない時間にテラスで縄跳びの練習をしたのだと思います。田中さんは一連の流れの中で、Kちゃんのやっぱりもっと縄跳びの練習したいという声にならない声も見事に拾っています。こんな場面を拾って記録に残せるのが素敵です。

「聴く」は言葉の背後にあるその子の気持ちも含めて言いたいことを聞き取る感じがします。つまり言葉を発することが前提になっているようなニュアンスです。子どもの声を「拾う」は、子どもはまだ言葉にできないこともたくさんあり、どう表現しようか戸惑っていることも拾いに行くまなざしを感じます。トラブルなど気になる場面だけでなく、さりげない日常の姿も見落とさずにいろんなものを拾い上げます。子どもに対して一段と低姿勢です。

3　「わかろうとする」よりも「気にかける」

〝子どもをまるごとつかむ〟と言われるとはたしてそんなことできるのだろうかと思うこともあります。

ひまわり保育園（熊本市、2～5歳）は「ひまわり長屋の気配を感じ合う暮らしを！」をコンセプトにしています。第2章で紹介した石坂聖子さんも「気配を感じ合う暮らし」は「気にかけ合う関係ができている」ことであり、それは「無関心とは違って、それぞれのことをしながらも、気にかけ合う存在である」と述べています[3]。

子どもをまるごとわかることはできないかもしれませんが、いつも「気にかけておく」ことはできます。わからなくてもニュートラルな段階として、「気にかける」があるのではないでしょうか。「感じる」に近いまなざしかもしれません。「感じる」と「わかる」を橋渡しするのが「気にかける」でしょうか。子どもは全部わかってくれなくても気にかけて（心配して）もらうだけでも安心して自分で動き出します。

精神科医の故中井久夫さんが「（人格障害の）患者は『わかられない』ほうが安心している。理解を押しつけると今度は『わかっていない、もっと理解せよ』という際限のない要求となる。人間は理解し尽くせるものではない[4]」と述べています。このとらえ方を参考にすると、子どもに対しても、わかろうとしすぎて「わかってもらえない不安」を生み出していたのかもしれません。わかられない方が安心するという側面は子どもも含めて人間誰でもあるのかもしれません。そもそも、子どもは大人に全部わかってほしいと願っているのでしょうか。「わかる」だけなく、「わからない（わかろうとしすぎない）」ことにも意味があるのだと思い始めました。次の澤井由貴さんの「ちょっと知っている」にもつながります。

4 「気にかける」とは「ちょっと知っている」「作業しながら見ておく」

きたの保育園の澤井由貴さん（滋賀県、1～5歳）は「大人も子どもたちのことをちょっと知っている。この『ちょっと知っている』ぐらいにしておくことで、何か知りたいことがあると子どもたちから話を聞き、対話することにつながっていく。そして、子どもたちから子どもたちのことを知っていくことができる」(5)と述べています。

どのくらい知っていればいいかはともかく、子どものことをすべてはわからなくてもいいと考えているようです。「ちょっと知っている」は知ろうとしすぎないことでもあります。もっと積極的には、意図的に知らないことを残しておくことでもあります。

わからないこと、知りたいことは、子どもに（本人にも周りの子にも）聞けばいいのです。子どもも大人に聞いてほしいと思っているはずです。子どもは喜んで教えてくれます。大人に聞かれることは信頼される証であり、あてにされたということです。子どもは、教えられるだけでなく教えてあげるのも嬉しいのです。子どもを知ることだけでなく、知らないことも残しておいて、子どもに聞くという姿勢も大事です。

また、さくらんぼ保育園の西本紫舞さん（熊本市、1～5歳）は、（子どもと向き合うのではなく子どもの傍らで）「大人は掃除したり絨毯のほつれを繕ったりしながら見守る」(6)と書いています。家事をしながら何気なく様子を見ている養育者的まなざしと似ています。何もしないで見られていると見張られている気がします。作業しながら見ているのは、まさに「気にかける」ことです。近くで別のことをしながら気にかけてもらっている程度の方が素の自分でいられます。保育者もまた作業しながら見ているとまなざしも柔らかく優しくなります。

子どもをわかろうとすると肩に力が入りますが、気にかけておこうというのは自然体です。子どもも大人も楽になります。

5　「困ったら言ってきてね。それまでは好きにしていいよ」という距離感

最後に、「距離感」について考えます。

「ある日、登園する子どもが少なかったこともあり、（保育室の）キッチンでミシンを使って糸のほつれたおたより入れを補修したり、事務仕事をしていた。畳の部屋では女の子たちがドレスを着てごっこ遊び、居間では積み木や線路で大作を作り上げていたり、パズル遊びを楽しむ子どもたち。時折キッチンまで『ドレスの後ろをあげて』とやってくる子はいるが、子どもたちだけの世界で遊んでいた。声は聞こえるのでお互いの存在は感じられ、近くには大人が居てくれる安心感があるけれど多くは干渉されない」（1～5歳）[7]。

これも前述した作業しながら気にかける振る舞いです。

澤井さんはこんな「『ドレスの後ろをあげて』とやってくる」状況を、「困った時には助けてね、というぐらいの子どもたちとのちょうどよい距離感を創り出せている」と述べています。そういえば第2章の、ひまわり保育園の石坂さんも同じように「必要な時は（いつでも助けるよー）そんなあたたかいまなざしが子どもたちの安心してやってみようとする力につながるのだろう」と述べています。この「距離感」、大変重要な指摘です。

きたの保育園元園長の小山逸子さんは「子どもは心を寄せる大人が近くにいれば、困った時は寄ってくるのよ」と話してくれました。そうだとすれば子どもは好きにさせておいて、困ったと言ってきたら助けてあげればいいのです。つまり余計なお世話はしなくても、子どもは子どもなりに過ごしています。石坂さんはこのことを「先回りしない保育」と述べていました。子どもは困ったら（必要があれば）言ってくるのです。それまでは、澤井さんがおたより入れを補修していたように、大人も自分の仕事をしていればいいのです。子どもは大人の暮らしの傍らで子どもたちなりに過ごしているのです。ただ困った時に言ってこられるように気にかけながら、言ってきやすい距離を保っておく必要はあります。間合いが大事です。

子ども「理解」と大人の「あり方」の関係は、子どものことはちょっとわかって（適度な距離感を保って気にかけておいて）、あとは困ったら言ってくる――そんな「間合い」が大事なのです。

Ⅲ　「暮らしの保育」の構え　と振る舞い

あさひ森の保育園

第6章　育ちの基盤としての「形成」

1　子どもは大人の暮らしの傍らで育つ

澤井由貴さん（滋賀県・きたの保育園、1～5歳）の実践記録(1)に次のような記述があります。

「畑仕事をするのが好きで外に出るとまず畑の様子を見に行くことがほとんど。この日も1歳児の二人も一緒に外に出た。畑の横には砂場があり二人は砂場で遊び始め、私はいつものように畑に向かう。二人もスコップをもって畑に来て横で砂をすくったり同じように雑草を引っ張ってお手伝い。そこにやってきた2・3歳の男の子が二人『なにやってるの？』と大人の姿を気に留め『Rもする』と

お手伝いをします」（傍線は筆者。以下同じ）

何気ない風景ですが、子どもたちはこんなふうに大人のしていることを気に留めてよく見て一緒にやりたがります。

子どもは大人が教えて育てるものよりも、暮らしの中で見よう見まねでいつの間にか身につけることがほとんどです。言葉の習得などその典型です。「子どもは親の背を見て育つ」とか「子は親を映す鏡」とも言います。これは、理論的には「社会的学習理論（モデリング理論）」と言われています。自分が直接体験したことでなくても、他者の体験を観察・模倣すること（モデリング）で学ぶのです。子どもは大人のやることを本当によく見ていて、教えるともなく学ぶともなく、それこそ「いつの間にか」いいことも悪いことも含めて身につけてしまいます。

鷲田清一さん（大阪大学名誉教授・臨床哲学）は、「子育ては、『育てる』という他動詞で語られる。むしろ『育つ』という自動詞を大切にしたい。気がつくと自然に育っていたと言える教育が一番いい教育ではないか」（「読売新聞」２００６年10月28日付）と述べています。

傍線（筆者）は「形成」と言い替えられます。教育が「教えて育てる」営みだとすれば、形成は「教えられずに学ぶ」「日常生活にとけこんだ学び」（里見実）、つまり大人の暮らしの傍らで見よう見まねで育つことです。

子どもの「人間（人格）形成」を考えた場合、意図的な「教育」が担っている役割は一部にすぎないのです。鷲田さんや里見さんがいうところの「形成」という営みが土壌になって、「教育」という営みははじめて成り立つのです。つまり、保育が乳幼児期の人間形成を目的とするなら、「形成」が果たしている役割にもっと注目する必要があるのではないでしょうか。本書で紹介したたくさんの実践記録がこの「形成」の実際を目に見える形でわかりやすく表したつもりです。

ところで異年齢保育（暮らしの保育）では、クラスを〈おうち〉と呼ぶだけでなく、先生と呼ばずに名前や愛称で呼ぶことも大きな特徴です。それは子どもを教え導く「先生」ではなく、子どもと一緒に暮らす「共同生活者」「暮らしの先達」と考えるようになったからです。具体的には、「保育」というより親が家事しながら子育てする「養育」がモデルになります。

さて、料理研究家の土井善晴さんは「プロの作る料理と家庭料理はまったく意味が違う(2)」と言います。そして、「家庭料理は素朴で地味なものです。そして中くらいにおいしければ、まずはそれでよいのです」。さらに家庭料理で「素材を生かすには、シンプルに料理する。素材をそのままいただけばよいのです。ハレ（祭り、特別）の価値観をケ（日常）に持ち込まない」とも述べています。料理の考え方は暮らしの保育のヒントになります。保育の専門家の保育と家庭での子育てとの違いにも当てはまるのではないでしょうか。そして家庭に近い〈おうち〉モデルの「暮らしの保育」も、これまでの年齢別保育と違って、素朴で地味な普通の子育て、行事の価値観を日常の暮らしに持ち込まない、素材（子どもの自然性）を生かすことがベースになるのではないでしょうか。

「親の背中」とは大人の振る舞いや暮らし方、その背景にあるその人の価値観と、そこから醸し出される全体的雰囲気のことです。教育的意識や指導的姿勢の前に私たち保育者は子どもにどんな〝背中〟を見せているのでしょうか。そしてその〝背中〟は子どもにはどう映っているのでしょうか。もっとそのことを強く意識する必要があるのではないでしょうか。

2　子ども同士「見よう見まね」で育ち合う

青山享子さん（きたの保育園、１〜５歳）が

「1歳児がおやつの後お皿を食器かごに戻すんです。大きい子たちのやるのをまねてるんでしょうね。ほんとに教えたわけでもないし、そうしてほしいと思ったわけでもないのにですね」

と、話してくれたことがありました。また、

「外から部屋に戻って4歳児と5歳児が手を洗っていると、その横で手を洗っていた1歳のYが大きい子のうがいをじっと見て、同じように手に水を貯めて口に運びうがいをしようとしていた。服の袖はびしょびしょになり、水も口に入れる時はこぼれてしまっていたが、それでも大きい子の姿をじーっと見て同じようにしていることで満足だった」[3]という記録もあります。

乳幼児期、特に１・２歳児は「模倣の時代」と言われるように、まず目で見ます。じっと見ていま

す。そして同じことをまねします。誰かに言われたのではなく自分でまねしたくなったのです。暮らしと切り離された意図的な教育の場では大人からの動機づけが必要ですが、「暮らしの保育」では動機づけは不要です。

しかも、まねし始めたら何回も挑戦します。牧野さやかさん（きたの保育園、同）の「織り機に取り組むYちゃん（2歳児）」の事例[4]でも、Yちゃんは途中で毛糸がほどけても「もう1回始めからするね」と何回もやり直しています。上手にできなくてもいいのです、自分のことだから。大人が励まさなくても何度も挑戦します。自分で決めたことだからでしょうか。安心に支えられた習熟とでも言えます。しかし最後までやりきるという覚悟を持った自己決定でもないようです。Yちゃんもカバンは5分の1くらいできたところで「もうできた！」と途中で満足して、最後まで仕上げません。自分でやろうと決めたから自分で区切りをつけられたのです。完成して満足するのではなく、挑戦して充実した時間に満足したのかもしれません。

大きい子の関わり方にも特徴があります。

前述した「織り機に取り組むYちゃん（2歳児）」の事例の続きです。Yちゃんが織り機で帽子を編もうとしているのを見た4歳児のMちゃんとKちゃん。驚きながら「Yちゃんできるの⁉」。小さいYちゃんには無理だと思っても、否定はしません。小さいYちゃんを見ながら自分が小さかった時のことを重ね合わせられるので、できる・できないより、ただやってみたいという小さい子の気持ちがわかるのでしょう。

そのうえで4歳児のMちゃんとKちゃんは織り機を持ってきてYちゃんの周りに座って「Yちゃん見ててや。こうして~こうするねん。できる?」とやって見せています。言葉だけでなくやって見せるのです。大人は言葉で教えようとしますが、子どもは言葉での説明が不十分な分やって見せるのです。小さい子にはその方が伝わりやすいのです。乳幼児期は言葉で教えるだけではなくやって見せながら、言葉を重ねるのが育ての本質です。見よう見まねでやってみようとする子どもと、やって見せる子どもの関わりが「見よう見まね」の真髄です。

子どもは大人が(言葉で)意図的に教えて育てる前に、子ども同士で見よう見まねで自然と身につけることがほとんどです。1歳前後から幼児に至るまで、子どもたちは模倣しすぎるくらい模倣して育ちます。社会学者のガブリエル・ダルドさんは「社会は模倣である」とまで言っています。子どもは親をはじめとする周囲の人間の言葉遣いや振る舞いをまねることで、生物学的なヒトから社会的・文化的な人間になっていくのです。「猿まね」という言葉がありますが、サルは模倣しません。模倣は人間にしかできないない能力です。(5)

脳には、見ているだけで同じことをやっているような気分になる、鏡のように映し出す「ミラーニューロン」という神経細胞があると言われています。この脳の反応は、共感能力につながっています。模倣と共感が、日常的に暮らしていくうえで大切なコミュニケーションや新たな行動の獲得などの基礎になっているのです。

また自分自身のとるべき行動を決めあぐねている時も、周りにいる他者の表情を見てそれを参考にして行動を決定することを「社会的参照」と言います。このように、言葉の前に見て感じることが育ちの土壌になっています。もう一度「見よう見まね」の復権が求められています。

「大人の暮らしの傍らで」「見よう見まねで育つ」と言うと、子ども主体ではないように思われるかもしれません。しかし、まねするかしないかは子ども次第です。子どもは「自主的に」まねしているのです。しかし言うまでもなく暮らしの主導者・責任者は大人です。そんな暮らしの中で、子どもは主体的でも受動的でもなく、「半（分）主体的に」「半（分）受動的に」暮らしています。こんなちょっと中途半端な営みの中で知らずしらずのうちに育っているのが子どもの事実ではないでしょうか。「子ども主体」の過剰な強調は、暮らしという視点で見ると、大人も子どもも毎日「お子様ランチ」を食べているようなものだと感じます。自己決定も子どもに責任を負わせて追い詰める側面もあるのではないか、そんなことを考えています。大人と子どもが「一緒に」暮らし、子どもは大人の暮らしの傍らで見よう見まねで育っていきます。大人が主導しながらも子どもの思いや活動と折り合いをつけていくのが「暮らしの保育」の風景です。

3　「教育の意図性」より「暮らしの必然性」「結果としての育ち」

子どもは大人の暮らしの傍らで見よう見まねで育つと言っても、大人が暮らしの主導者です。一緒に暮らす者として当然子どもに要求することもあります。ただそれは教育的意図を持った「要求」というよりも、一緒に暮らしていくうえでの「要求」です。一緒に暮らしていく以上そうしてもらわないと困るからです。そして手伝ってほしいことは「頼み」ます。手伝ってもらうと助かるからです。暮らしの「必然性」からの「頼みごと」です。子どもにも、抽象的な「教育的意図による要求や提案」よりも、「具体的な暮らしの必然性による要求や頼みごと」の方がわかりやすく伝わりやすいのではないでしょうか。子どもも忙しそうだから邪魔しないようにしようとか、赤ちゃんに手を取られているから自分たちだけで遊んでおこうとか、状況を把握し考えて協力してくれます。「暮らしの保育」では「教育的意図」より「暮らしの必然性」が重視されます。「暮らしの保育」は教育的意図を持った「ねらい」はそれほど重視しません。

ただ、要求や頼みごとをしても結果を急がないことが家庭での子育てと「暮らしの保育」の大人の姿勢の違いです。今すぐにできなくてもそのうちにできるようになるよと、長い目で子どもの育ちを見ること。まずは出方を見る、今だけでなくその先を楽しみに待つことです。折り合いがつけにくそうなことは子どもと相談してみることも必要です。子どもたちがやりたいことはなるべく叶えられるようにします。しかし、職員体制など大人の「都合」でできないことは断ることもあっていいのです。理不尽ではない大人の都合は、子どもは子どもなりにわかるものです。状況がわかったうえで自分たちの思い通りにいかないことに出会う経験も必要です。

「暮らしの保育」の育ちのもう一つの特徴は「結果としての育ち」です。「暮らしの保育」では、

「教育的な意図」やそれに連なる目的や計画も年齢別保育ほど重要視しません。したがって「暮らしの保育」では、結果として育たないこともあれば思った以上に育つこともあります。まんべんなく育てようとするより、凸凹があって当たり前、「どんな姿もその子」と子どもをおおらかに見ています。そんな子どもたちも含めて小学校は育ててくれると信頼しているので小学校の下請け的な準備教育をするところは少ないようです。

渡邊保博さん（静岡大学名誉教授）は、延長保育を論じる中で、延長保育というとらえ方が「教育的意図を色濃く漂わせているような、午前中の（主活動）に力点を置いた保育」になっていなかったかと問題提起し、「生活の持つ、『結果として』の、しかし意図的な教育に勝るとも劣らないほどの教育力」を強調しています。さらに、日々の暮らしや生活の中で「子ども自身は、生活の喜びや充実を求めて日々を暮らしており」、獲得させたい能力やあるべく人格に焦点を当てた保育目標ではなく、「生活の充実感」が保育目標ではないかと示唆しています。(6) 教育は「目的」重視、暮らしは「結果」次第という感覚を感じます。

また、先に引用した浜田寿美男さんも、

「生身の人間は本来手持ちの力を使って生きていくのが発達の大原則である。たとえば課題に見合う力が育っていなければどうするか、学校的発想では『できなければできるように頑張る』と考えてしまう。しかし現実には力を身につけてから生きていくのではなくそれぞれ今持っている手持ちの力で生きていくのである。できないことをまずそのまま引き受けて、手持ちの力でなんとかやれる手はないかとやりくりしながら生きていく。その手持ちの力を充分に発揮したとき、その結果として新しい力が身についてくる。この『結果としての学び』が重要なのである。これまでの学習論は、本来『結果』でしかなかったものを『目的』にしてしまったことが本末転倒だった」[7]と指摘しています。

渡邉さん同様、「結果としての育ち」を重要視しています。「暮らしの保育」の「結果としての育ち」は、〝大人の願いはそっと置いておくもの〟、受けとるかどうかは子ども次第と考えます。そして置きっ放しにはしないで観察します。子どもの動きや思いや関わりの意味を探ります。また新たに見えてきた子どもの姿や振る舞いや発想を心にとめます。そして、次に言葉をかけるにしてもオーバーにではなく、さりげなくかけます。さらに目的や意図に沿った指導というより、その気になるような「雰囲気づくり」を心がけます。子どもがその気になるためにはどんな雰囲気を、どう醸し出すかに知恵を絞ります。大人の「まなざし」や「構え」、そして「立ち居振る舞い」が雰囲気をつくるのです。

4　「暮らしの保育」と「不適切保育」の問題

「不適切な保育」が社会的問題になっています。保育者個人の問題にしないで、保育士配置基準の改善につなげる提案もなされています。しかし、教育・保育を子どもの成長や発達を促進するという正の側面しか見ておらず、教育・保育にはその意図性と作為性から「支配とコントロール」という負の要素も含まれていることを見落としてはいないでしょうか。

「暮らしの保育」の視点から保育の本質に関連するものとしてこの「不適切保育」の問題を考えてみたいと思います。

自然農法家の故福岡正信さんが次のように述べていました。

「教育というものは価値のあることだと思っている。ところがそれはその前に教育に価値があるような条件を人間が作っているんだということにまず問題がある、と私は言いたいんです。教育なんて、本来は無用なものだけれど、教育しなければならないような条件を人間社会全体が作っているから、教育しなければならなくなる。教育すれば価値があるように見えるだけにすぎないということです[8]」

この文章の前後には「放任と自然は違う」など、いろいろ書かれていますが、教育という行為を相対化する必要を示唆しています。保育者には悪意はなくとも子どもを自分の思い通りに支配し、コントロールしようとする側面があることを自覚する必要があります。「不適切な保育」はこの負の側面の表れです。「教育に傾斜しすぎる保育」を見直すべきだと思います。

そのためにも、「乳幼児期の保育や子育てで人生が決まるわけではない」と肩の力抜くことも必要ではないでしょうか。「三つ子の魂百まで」「乳幼児期は人生の土台」と、乳幼児期を過度に強調するきらいがあります。確かに乳幼児期も大事ですが、乳幼児期は人生の一コマにすぎません。成人したわが子をみていても、乳幼児期に人生が決まったとは思えません。『親ができるのは「ほんの少しばかり」のこと』（山田太一、ＰＨＰ新書）というタイトルの本がありましたが、「保育者ができることもほんの少しばかり」ではないでしょうか。ある意味、保育や教育の「無力さ」を心に留めることも不適切な保育への歯止めになるかもしれません。

さらに、保育の質や専門性を強調しすぎると（振りかざすと）上から目線になります。保育の専門家である自分が子どもを思い通りに保育できない苛立ちから不適切な保育に陥ってしまいます。子育てや介護など、暮らしの中で当たり前に行われてきた「ケア」に価値があるからこそ大切な仕事だととらえ直す必要があります。そんな当たり前のことを誠実に丁寧に行なうことが保育のプロなのだと思うのです。教育としての保育だけでなく、「ケアとしての保育」も大事にしたいものです。保育は専門性の高い仕事というとらえ方だけでなく、ケアの仕事は「生活（暮らし）を支える（大事な）仕事（エッセンシャルワーク）[9]」ととらえ直すことも必要です。保育は子育てと同じように暮らしを支える大事な仕事というように、「教育者的な専門性」の重しを少し降ろしてもいいのではないでしょうか（ちなみに私は保育の専門性という言葉より、保育者の持っている「庶民性」が好きです）。

私はこれまでも、「『いい保育』をしようと無理するよりも、子どもを傷つける『悪い保育』をしない、させない」というメッセージを送ってきました。いい保育と悪い保育の区別も定義も難しいのですが、昨今保育者が「質の高いいい保育」に金縛りにあって身動きが取れなくなり、苦しんでいるように感じます。「いい保育」はできていないかもしれないけれども、「悪い保育」はしてないよね、という確信が持てるだけでも安心できるような気がするのです。「子どもはいつも手持ちの力で精一杯生きている」という子どもへの信頼ともつながっています。

保育は、積極的に何かを「する」保育だけでなく、夜間保育の寝かせつけのように積極的には「しない」保育もあります。[10]「消極的保育」と言ってもいいかもしれません。「暮らしの保育」はそういう意味では「消極的保育論」です。「そんなに肩に力を入れないでいいよ、〝保育〟しないで、子どもと一緒に暮らそうよ」というメッセージです。

さくらんぼ保育園〈おうち〉の家計簿つけ

第7章　大人の構えと振る舞い
――「願いをいったん横に置く」「重ねる、半身で暮らす」

1 「差」と「幅」と「気分」を認めて「時間帯」で保育する

1）年齢が「異」なると「差」が出て「幅」が生まれる、「一斉に」はできない

異年齢保育（暮らしの保育）は、異なる年齢でクラスが編成される保育です。しかも1～5歳だともっと年齢幅が大きい暮らしになります。年齢が「異なる」と、できる・できないという能力にも「差」が出ます。能力に「差」があると、活動にかかる時間にも「幅」が出ます。

3～5歳の異年齢保育1年目の平田友里さんの実践記録(1)から見てみます。

3・4・5歳の異年齢で鬼ごっこをしようとしますが、年齢に「幅」があると、当然体力や能力の「差」から、大人と追いかけっこを楽しみたい3歳児、スピード感とかけひきを楽しみたい4・5歳児と「要求」も違います。一緒にしようとするとどの年齢も中途半端で満足しません。そこで平田さんは「みんなで——と無理に活動する必要はない」と思い直します。この「みんな一斉にやらなくてもいいのだ」という発想の転換が異年齢保育の第一歩です。

同じく1～5歳の異年齢保育1年目の木村文美さんの実践記録(2)から。

食卓に来ない3歳児を5歳児が迎えに行く場面。3歳児が「先に食べてていいよ」と言うと、5歳児は「わかった、じゃ食べておくな」と答えるのです。5分後にその3歳児も楽しそうに食卓につき、周りも自然に迎えるのです。木村さんはびっくりです。子ども自身が「みんなで一緒に」とは考えていなかったのです。これこそ暮らしの姿です。開始や終了の時間に「幅」があると当然「ばらつき」が出ます。木村さんはこのばらつきさえも「時間的な幅が生まれる暮らし」と肯定的にとらえはじめたのです。

1～5歳の「暮らしの保育」は不揃いを当然のこととして、「幅」を前提にした保育が展開され始めます。

2）「みんな一緒に」ではなく、「時間帯」で保育する

前述したように、年齢に幅があれば活動の時間にも「幅」が必要です。それを前提にすると、「時間で区切る保育」から「時間帯で保育する」に変わります。一斉に始めて一斉に終わる保育ではなく、やる気になった人から始め、それを見ていてやる気になり、そして終わる時間にも差（ズレ）がある、それでも全体として一定の時間帯の中で区切りがつけられる。年齢幅と時間差を前提にすると「時間帯」が生まれてくるのです。

学校はチャイムの時刻で区切りをつけますが、「暮らしの保育」は「時間帯で保育する」のです。みんなで一斉に揃えようとしなくなります。そうすると子どもは木村さんの事例のように、時間帯の中で自分なりに考えて行動するようになります。

このことに気づかせてくれたのが峰島厚さん（立命館大学名誉教授）の児童養護施設における援助論です。(3)峰島さんは、施設での「時間帯で日課を編成する」意味を具体的に説明しています。

例えば、歯磨きをいつするかは子どもが選択してもいいことです。全員同じ時間に揃って歯磨きする必要はないのです。要するに、ある時間までに済ませればいいのです。学校は時間割があるために時間で日課を区切りますが、生活の場では時間に幅を持たせて子どもが判断するという「時間帯」で編成できます。これは大きな違いです。時間だけでなく、やりたい、やりたくないという気持ちの幅

（気分）も含めて、「幅」を認めることは生活の根底になる思想だと述べています。この「異」と「差」と「幅」を前提にした「時間帯」の保育が「暮らしの保育」の土台なのです。

３）手助けとしての振る舞いと、安心感に満ちた雰囲気づくり

前述の木村さんは、次のように述べています。

「目に見える部分の評価は時間がかからず短絡的になりがちだが、子ども自身が考えて決めて行動することをゆっくり見届け、見えない部分を感じ、より深くその子のことを知ろうとするとやはり時間は必要である。そんな見方を続けていると、私自身、次第に『早い・遅い』『できる・できない』などに目がいかなくなってきた。そんな中で今その子にとって大人の助けが要るのかどうかということや、どういう時間や経験が大事なのかも含めて、子どもが本当に必要としているものがより見えてくるのではないかと感じている」

「同年齢輪切り集団」（浜田寿美男）では課題を設定して目標を達成できるかどうかに力点が置かれがちですが、異年齢保育（暮らしの保育）では、「できる・できない」というこだわりがほどけてくるのです。そして、どう指導・援助・支援するかよりも、その指導・援助は今必要かを先に考えるよ

うになります。もう、指導・援助という意図的な構えではなく、「手助け」といった自然な振る舞いになるのです。そうすると、オーバーではなくさりげない言葉かけが増えていきます。「暮らしの保育」はこの「さりげなさ」が保育者の振る舞いの特徴のひとつです。

「暮らしの保育」では、後述する三高さんの実践のように、前向きな「気持ち」だけでなく、今はやりたくない「気分」も認められるようになります。そうすると、どの子にも励ましてなんとかやらせようとするより、どうしてもやりたくなかったら無理してやらなくてもいいよという接し方に変わります。「今すぐできなくても大丈夫」「そのうちできるようになるよ」と安心感を膨らませる雰囲気を醸し出します。「できなくても大丈夫」という安心感が「やっぱりできるようになりたい」という意欲や挑戦につながるのだと思います。こんなふうに、安心感に満ち満ちた雰囲気の中で暮らす子どもたちは幸せだと思います。ここで使う「雰囲気」とは、環境と文化の暮らしレベルでの接面です。

2　一呼吸置く・願いを横に置く・間合いをはかる

1）「待つ保育」の前に「一呼吸置く」保育へ

同じく木村さんですが、最初は口出ししたくなる気持ちを抑えるのに必死だったと言います。しかし時間的な幅が必然的に生まれる暮らし方で、次第に子どもがどういう思いでこうしたのか、今何を考えているのか、それを感じてから自分がどう動くのがいいのか、「一呼吸置く」ようになったと述べています。

なぜ口出ししたくなるのでしょうか。これまでの保育は、「子どもを大人の指示通りに動かす」ことに重点を置いていたからではないでしょうか。木村さんは、「子どもたちは日々、砂遊びをしたり、ごっこ遊びをしたり、一人で絵本を見ていたりと各自自由に過ごしている」と記述しています。まず口出し、手出ししないで、子どもの様子を観察しています。よく言われる「見守る保育」「待つ保育」です。

確かに「待つ保育」は大事です。しかし「待つ」という心構えだけでは、なかなか口出しは止まりません。待つためには、口出しする前に「いったん立ち止まること」が必要です。木村さんは、待つためにいったん「一呼吸」入れているところに大きな特徴があります。口出し（余計な言葉かけ）をしないために立ち止まって「一呼吸（深呼吸）」という身体的行為にまで落とし込むのです。そうすれば待つ保育ができるようになるのだと思います。実際に深呼吸するかどうかは別にしても、この「一呼吸入れる」こと、これだけでも大きな発見だと思います。

2）やりたくない気分も認め、「願いを横に置く」

三高真由子さん（1～5歳）の記録(4)からは、「願いを横に置く」という接し方が学び取れます。まず、4歳児のS君の事例を紹介します。

S君は、朝みんなが散歩に行く気になっているのに、「散歩は行きたくない」「ホールに行きたい」ということが多かった。朝は散歩へ行って身体を動かして遊ばせたいという思いから「ホールに行くのは夕方にしようね」と声をかけて、散歩に向けて準備していましたが、なかなか進みません。あの手この手で散歩に誘う日々でした。三高さんは、本当は納得していないのでは？　やはり散歩より「やりたい」ことをその場でやらせたほうがいいのかと思い始め、S君の要求（散歩ではなくホールで遊ぶ）に応えることにしたのです。

S君の「やりたいこと」にとことん付き合っているうちに、給食の準備の時に遊んでいるSに準備するように促すと、「まだ遊びたい。給食の先生が来たら座る」と言って、実際先生が来たら遊びをやめて自らご飯の用意を始めたのです。

こんなS君の事例を通して、こんなふうに述べています。

「散歩に行って遊ばせたい、プールで元気に遊んでほしいなどの願いがあり、思いに乗ってこない子を困った子として見ていたと思う。願いを横に置いて、『子どもの思い』をまず受け入れてみる。やりたくない、そこに思いがあり、一つの選択肢として思えるようになってきた」

「願いを横に置く」とは、大人の願いや思い（保育のねらい）をいったん保留する、「大人の願いを

（いったん）横に置く」ことです。これには一大決心が必要です。教育の核心である「意図的保育」を脱ぎ捨てるのですから。三高さんもこれまでの手立てを尽くして気持ちを切り替えさせるやり方では対応できなくなったので、（断腸の思いで）「願いを（いったん）横に置いた」のだと思います。そして、条件的には厳しかったのでしょうが、やりたいことをやることを認めて見守ったのです。すると徐々に変化が見られ、自ら気持ちを切り替え、「安心して自分を出すことができ、遊びや生活に見通しや主体性を持つようになっていった」と報告しています。

さらに「願いを（いったん）横に置く」とは、子どものやりたくない気持ちも認めることでもあります。これまでは、やりたくない気持ちを受け入れても、受け入れたうえで、やはり前向きに気持ちを切り替えてやらせようとしてきたのです。やりたくない気持ちは受け入れても、やらないという選択肢は認めてこなかったのです。しかし三高さんは、やりたくない・やらないも選択肢の一つとして認めたのです。

考えてみれば、いつも前向きな〈気持ち〉になれるわけではなく、それこそ今はやりたくない〈気分〉の時もあるのです。いくらやりたくない気持ちを受け止めてもらっても、やっぱりやりたくない気分の時もあります。「前向きにやりたい」を〈気持ち〉と表現すれば、「ちょっと後ろ向きなやりたくない」は〈気分〉と表現したほうがいいように思います。今までは、ちょっと後ろ向きの気分は認めてこなかったのです。しかし「暮らしの保育」はやりたくない気分も認めて、大人の思いや願い（ねらい）をいったん横に置くようになったのです。そうすると「今度はやろうかな」という気になるのかもしれません。

「暮らしの保育」は、「待つ」「見守る」より「一呼吸置く」「願いを（いったん）横に置く」という言い方がぴったりくる感じがします。「待つ」は、大人の「願い」や「思い」の位置づけが曖昧で、手出ししないイメージがあります。「一呼吸置く」「願いを（いったん）横に置く」は、大人の「願い」は当然あっていいものと考えますが、しかしその願いをすぐには子どもに伝えず、「一呼吸」して「（いったん）横に置く」のです。思いや願いを捨てたわけではありません。願いを横に置いたら「出方を見る働きかけ」、言葉を変えれば「見守る保育」になります。

大人は願いを持ちながらも、子どもはどうするのか出方を見る（様子を探る）のです。たまには大人の思いを超えたドラマが生まれることもあるかもしれません。しかし、そううまくいくことはありません。思い通りにいかなくてもまた今度やってみよう、そんな気持ちで子どもの出方を見るのです。これだけでも、子どもを大人の都合で動かすことに歯止めがかかります。ちょっと心のゆとりが生まれます。おおらかに構えて安心感をふくらませる保育につながります。

3）「間合い」をはかる

澤井由貴さん（1～5歳）は、「距離感」という言葉をキーワードに大人の子どもへの接し方を深めています。(5) 具体的には、大人はあえて忙しそうにするのです。忙しそうにしていると「何やっているの」と大人のやっていることが気になるのです。そして忙しそうな大人の傍らで思いおもいに遊び始めます。「二つの世界（子どもの世界と大人の世界、筆者補足）がともに流れている——ちょうどよい距離感がそこにはある」と述べています。それは困った時には言ってきてね、というぐらいの子どもたちとのちょうどよい「距離感」です。

本書ではこれまでも、指導・援助とか支援のような大人の意図が先行する接し方と一線を画すために、大人の暮らしの「傍らで」を強調してきました。「あえて忙しそうにする」距離感の取り方は、「傍らで」をもう一歩深めて、子どもと大人の世界の二つの関係のあり方を探り始めています。

澤井さんは「見てはいるけれど見張ってはいない」とも述べています。子どもに寄り添うとか見守る保育は指導的姿勢ではありませんが、寄り添うとか見守るが過剰になると、子どもは見張られているような気がして不自由になることがあると考えているのかもしれません。

だから子どもの世界と大人の世界の二つの関係を「距離感」としてとらえ、具体的手だてとして「あえて忙しそうにする」ことを提起しているのだと思います。あえて忙しくすることで、子どもの世界への侵入を戒め、同時に子どもから目を離さない距離も保つことを提起しているのではないかと思います。

この指導するでもなく見守るでもない振る舞いを、「間合いをはかる振る舞い」と言い換えてもいいのではないでしょうか。間合いとは「距離」のことですが、空間的な距離だけでなく、時間的な「隔たり」ととらえられます。「はかる」も行為としての「量る」「測る」だけでなく、心理的な「図る」「謀る」の両方の意味合いがあります。距離と言うと空間的な意味合いが強くなりますが、間合いと言うと空間的・心理的な「間」のイメージになります。見張るのでもなく、介入もしすぎず、間合いをはかるのです、頃合いを見極めるのです。

3　学校的「話し合い」から村の寄り合い的な「話し込み」へ

最後に具体的実践として、話し合いについて「暮らしの保育」のとらえ方を提起します。

宗像慶子さん（1～5歳児）は、5歳児の話し合いに2歳児と4歳児が同席した光景を次のように描写しています。(6)

「ある日『カレーかいぎするよ！』と言って5歳児たちが話し合いを始めると、2歳児のヒカルが『ここ、ちょっといい？』と遠慮がちに近寄ってきました。『どうぞ』と保育者に促され、輪の端にチョコンと座るヒカル。5歳児たちは特に気にかけず淡々と話し合いを続けます。すると、その様子を見かけた4歳児のコウジも『コウジ君はこ～んなにおっきいから』と言いながら、まるで自分が同席するのが当然のように仲間に入ってきました。途中参加の二人は、恐らく話の内容までは理解できていませんでしたが、それでも最後まで〝会議に参加している風〟の顔でウンウンと頷いていました」

1歳～5歳まで混じる話し合いは難しいかもしれません。みんながわかって納得して決める「話し合い」、とくに「合い」「決定」は。しかし1・2歳児が参加する話し合いは、同年齢だけの話し合いとは違った魅力を感じます。内容はわからなくてもちょこんと座って〝参加している風〟（つもり気分）の2歳児のヒカルの醸し出す雰囲気は、「合う（決定）」のピリピリ感を和らげてくれたのではないでしょうか。そんなに急いで決めなくてもいいんじゃない、もっと話すことを楽しもうよという雰囲気にしているのではないでしょうか。これまでの保育所・幼稚園での「話し合い」が会社の会議や学級会での話し合いをモデルに「合う（決める）」ことに傾斜していたのではないかと気づかせてくれます。

木村さんの「白黒つかない！」と題した事例。(2) 例えば1歳児と5歳児のけんか（話し合い？）。1歳児は「なんかよくわからないけど、お姉ちゃん怒っている……あかんかったんかな……」となり、5歳児も「なんかもやもやしたままやけど、（ちっちゃいんだから仕方ない、筆者補足）、もーいいか」と許さざるをえない。白黒決着をつけない、理屈や正論では通じない曖昧な終わり方も日常よく起きていると記述しています。

最後に、藤下さん（1～5歳）の事例。(7) 誰がカレーをつぐかで5歳女児Aと5歳男児Tが大げんか。その様子を見ていた4歳女児Mが「もう一個おたまもらいに行ったら」、5歳女児Hが「おたまもらってくるー」と持ってきましたが、二人とも受け取りません。最後Tが「俺の分入れたら代わったるわー」と代わってくれました。しかし、Tに声をかけると我慢していた涙が一気に溢れ、部屋の隅でしくしく泣くのでした。藤下さんは次のように解説しています。

「Ｔはずっと一緒に過ごしてきた周りの子のことをよく知っていました。Ａが『こう！』となったら『こう！』という頑固な子だということ、心配し解決しようといろいろ考える４歳児Ｍの存在、Ｈは気が強いけれども実はとっても優しく、気が付いてくれるということ……、子どもたちは同じ〈おうち〉の子のことをよく知っています。よく知っているからこそ、自分の気持ちをぶつけ、そして少し冷静になった時に相手に譲る感情や、相手を許す感情が生まれてくるのだろうと思います」

これは同じクラスの同級生ではなく、ともに暮らす昼間の〈おうち〉の「身内」的知り方だと思います。だからこそ、白黒決着をつけないで、「ぶつけ」「譲り」「許す」という折り合いがつけられたこの場面に保育者が入って「話し合い」に持ち込む必要を感じません。

村落社会学の鳥越皓之さん（早稲田大学名誉教授）の、次のような指摘が参考になります。[8]

「村の『寄り合い』は徹底的に話し合うことが特徴でした。過半数より全員一致制、『全員が納得し、やろうという気になるまで村の会合はいつまでも続けられる』のです。その後の付き合いに支障がないようにするのだそうです」。私はこれを、話し合いではなく「話し込み」と呼びたいと思います。

「暮らしの保育」では、学校的な「合う」（決める）ことに傾いた「話し合い」ではなく、村落共同体的な決着を急がない「話し込み」が求められているのだと思います。

第8章 大人同士の付き合いとコミュニティ
——暮らしの保育に「先生」はいません

はじめに

〈おうち〉モデルの「暮らしの保育」(1~5歳の異年齢保育)は、クラスを〈おうち〉と呼ぶだけでなく、子どもも保育者も「先生」ではなく名前や愛称で呼び合います。それを基盤にした保育者と保護者、保育者同士の大人同士の付き合い(関係づくり)やコミュニティ(職員組織)も、年齢別保育とは一味も二味も違っています。暮らしの保育は、保育園は「職場」であると同時に、「暮らしの場」、保護者との関わりも「保育は子育ての延長」「保育は丁寧な子育て」ととらえたほうがいいのではないかと考えるようになりました。

表２　きたの保育園

大人（常勤換算）	街のフリー　２（1）								
地域	そらのまち（空のイメージ）【暮らしの場】			ねむのまち（ねむの木のイメージ）【暮らしの場】			やものまち（キャラクター：やもちゃん）【しごと場】		
大人（常勤換算）	ご近所さんのフリー２（1）			ご近所さんのフリー１（1）					
おうち	ひまわり（1〜5異年齢）	こすもす（1〜5異年齢）	つくし（0歳児）	たんぽぽ（1〜5異年齢）	どんぐり（1〜5異年齢）	さくらんぼ（一時保育）	支援センター	だいどころ	じむしょ
大人（常勤換算）	4(3.5)	4(4)	7(5)	4(3.5)	4(3.5)	2(2)	2(1.7)	4(3)	3(2.5)
５歳児	4	4		4	3				
４歳児	5	4		4	4				
３歳児	4	4		4	4				
２歳児	4	4		4	5	0〜6			
１歳児	4	5		4	4	0〜6			
０歳児			7			0〜2			
合計	21	21	7	20	20	0〜6			
加配児	1	2		0	1				

表３　さくらんぼ保育園

R6.6/1現在

おうち名	おひさま	かぜ		ほし		そら		もり		みずうみ	
おへや名		しゃぼんだま	かざぐるま	ながれぼし	ぼうえんきょう	にじ	ひこうきぐも	りす	くま	ざりがに	かめ
５歳児		3	3	3	2	3	3	2	3	3	3
４歳児		3	2	2	3	2	3	4	3	3	3
３歳児		2	3	3	3	3	2	3	3	3	2
２歳児		3	3	2	4	3	3	3	3	2	3
１歳児		3	3	3	2	3	3	3	3	3	3
０歳児	13										
おへや合計		14	14	13	14	14	14	15	15	14	14
おうち合計	13	28		27		28		30		28	

本章では、これまで「暮らしの保育」を一緒に模索してきた、きたの保育園（滋賀県野洲市）・ひまわり保育園（熊本市）・さくらんぼ保育園（熊本市）をあらためて訪問し、園長または主任と懇談して、主に大人同士の関係についてまとめました。

ひまわり保育園は表1（38頁）のように、定員60人、職員25人（パート等含む）、1～5歳の異年齢の〈おうち〉4つと0歳の〈おうち〉1つ、1つの〈おうち〉は子ども16人、大人2人ですが、1つの〈おうち〉を例えば「りょうかさんち」と「さとこさんち」（それぞれ大人1人と子ども8人）でシェアしています。

きたの保育園は表2のように、定員80人、職員約40人（支援センター含む）、1～5歳の異年齢の〈おうち〉（クラス）4つと0歳の〈おうち〉1つ、1つの〈おうち〉は子どもが大体20人、大人3～4人です。

さくらんぼ保育園は表3のように、定員130人、職員39人、1～5の異年齢の〈おうち〉5つと0歳の〈おうち〉1つ、1つの〈おうち〉は子ども29人、大人4人です。1つの〈おうち〉は2つの「おへや」で構成されています。

3園とも「暮らしの保育」を始めて約10年です。以下の記述は聞き取りというより懇談して筆者が感じたこと・考えたことをまとめたものです。

1　先生とは呼びません――名前や愛称で呼び合う間柄

1）名前・愛称で呼び合うきっかけ

1～5歳の「暮らしの保育」は、「学校」モデルではなく、安心感を土台にした〈おうち〉をモデルに考えています。保育園は学校ではなく「昼間の」「第二の」「大きなおうち」です。「学校」ではないので、子どもも大人も先生とは呼びません。「ともに暮らす間柄では○○さんと名前を呼び合う暮らし」（きたの保育園元園長・小山逸子さん）が営まれています。

3園とも、かつては先生と呼んでいました。

きたの保育園は、「暮らしの保育」を意識し始めた10年程前から、子どもも職員同士も「佐藤さん」とか「由貴さん」と名前で呼ぶようになったとのことです。今では保育者は「山田っち」など愛称で呼ばれ、保護者もほとんど「先生」ではなく名前で呼んでいます。

ひまわり保育園も、10年程前に2～5歳の「暮らしの保育」へ転換した時、子どもが自然と「佳子さん」と名前で呼ぶようになったとのことです。おそらく、職員同士が名前で呼んでいるのを子どもも真似たのではないかと話してくれました。今は「かまど」（給食室）も含めて名前または愛称で呼び合っています。

さくらんぼ保育園は、10年前に暮らしの保育へ転換した時、保育者が自分で呼んでほしい愛称（例えば、ひとみっち）を決めてみんなにお願いしました。今は保護者もほとんど愛称で呼んでいます。きたの保育園やひまわり保育園は、異年齢保育というより〈おうち〉や暮らしを意識したことがきっかけになったことがわかります。学校ではないので「先生」とは呼ばない、しかしどう呼ぶかはっきり決めたわけではなく、自然と子どもも保育者同士も名前で呼び合うようになり、保護者にも浸透していったと思われます。さくらんぼ保育園は、意識的に保育者が「呼び方」を提示したところに特徴が見られます。

2）「先生」から「子育て仲間」へ

先生と呼んでいた時と愛称で呼び合うようになって変化したのは「距離感」です。ひまわり保育園は「距離の近さを感じる、お互い親しみやすくなった」、子どもから名前を呼ばれるようになって、若い人は「お姉さん」的意識、ベテランは「おばちゃん」的存在と多様化した、「先生」と呼ばれなくなって「ちゃんとさせる意識が薄まった」など、「先生」という肩の荷が降ろせたと言います。

きたの保育園も保育者間の「距離が近くなった」「先生と呼び合っていた時は、仕事中心の話題で話しかけにくかった」が、今は「ゆるくなった感じ」「肩の荷が降りた」と言います。

さくらんぼ保育園は、愛称で呼び合うようになった時期に出産して自園に預ける職員が増え、園でも「保育者だけど保護者の側面も」という状態もあり、保育者としてだけでなく保護者としての付き合いもあり「子育て仲間」という意識も生まれたと言います。

３）一人の人間としての付き合い

振り返ってみて、愛称で呼び合うことの意味は何かを尋ねてみました。

ひまわり保育園では、保護者や保育者間でも先生という職業・役割ではなく相談相手の手前の気軽な「話し相手」に変化したと言います。

きたの保育園は、先生や園長・主任という立場や役割あるいは役職ではなく、「個としての自分が認められた感じ」だと表現しました。

さくらんぼ保育園は、保育者同士も先生というより「(保育・子育ての) 相談相手」という雰囲気で、年齢幅が大きく男女入り混じっている〈おうち〉は、まるで「家族」のように見えると言います。いい意味で仕事・責任という「緊張」がほどけて、職責・肩書・立場を超えて「一人の人間」として付き合っている感じだそうです。

保育者同士、保護者が保育者を先生と呼ぶかどうか、たかが呼び名されど呼び名。指導者としての先生ではなく「子育て仲間」、そして「一人の人間としての対等な付き合い」という暮らしの保育の特徴がくっきりと表れています。

2 保育園は「職場」であると同時に「暮らしの場」

1）〈おうち〉の中の大人の付き合い——カクンと家風

さくらんぼ保育園は数年前から、「暮らしの保育」は〈おうち〉モデルなのだからクラス目標ではなく各〈おうち〉の「家訓」を作ることになりました。しかし「家訓」では堅苦しくなるので「カクン」にしました。子どもにも伝わるような、ちょっとユーモアもある楽しい合言葉・キャッチコピーです。例えば「みずうみのおうち」のカクンは「けんかは嫌というほどやっていい」「オーライオーライなんとかなるさ」「1日いっぱい大笑い」です。1つの〈おうち〉に大人が4人いるので保育観を共有することは難しいのですが、「カクン」をみんなで話したり変更したりすることで、4人の大人の願いや思いを共有化するのに役立っているようです。

ひまわり保育園は、各〈おうち〉は一人担当がベースになっているので「カクン」はありませんが、それぞれの〈おうち〉の「家風」（例えば、ノリがいい）があり、それを尊重しながらご近所付き合いをしています。

きたの保育園も昨年から、さくらんぼ保育園に倣って「カクン」を作りました。例えば、どんぐりの〈おうち〉のカクンは「不便を楽しもう　ＮＯデジタル！　ＷＥＬＣＯＭＥアナログ！」です。ひまわり保育園と同じようにそれぞれの〈おうち〉の「家風」も尊重しています。「カクン」は大人が共通認識を持つための「合言葉」、「家風」は大人と子どもがつくる雰囲気ととらえているとのことでした。

２）「報・連・相」をやめて、今まで飲み込んでいた一言を素直に話してみた

きたの保育園のある〈おうち〉の年度末総括を要約・紹介します。

10年以上のキャリアのある2人と1・2年目の2人の大人４人の〈おうち〉。お互いに気を遣いすぎて、「あとで」と思っているうちに「あとでも」話せずに帰ってしまう日々が続いていた。ある時「なんか、楽しそうーって思ったら、自然と子どもって寄ってくるんじゃない」という大人の一言。そうだ、子どもは「楽しい」や「できた！」を周りの人に「見て！」とすぐ伝えてくれる、周りの子どもも「わあ！　おもしろそう！」「やってみたい」と関心を寄せ「楽しい！」が連鎖していく。そんな状態は大人でも一緒なのではないかと考えた一瞬だった。

そこには身構えた「報告」や「連絡」や「相談」ではなく、思わず「聞いて、聞いて」と話したくなる出来事があるだけ。最初の一言から話を重ねていく中で「素直に心の内を伝えてみる」ことの大

事さに気づいた。これまで「こうかなあ」と勝手に解釈して納得しようとしてしまいがちだった。でも「ちょっと困っている。助けて!」や「楽しそうやけど、何してるん?」「私もそれしたい!」など、今まで飲み込んでいた一言を素直に発信してみようと考えるようになったという総括でした。

子どもの姿に学び、大人の付き合い方を振り返る非常に貴重な考察です。「暮らしの保育」は、これまで一般化されてきた「報・連・相」よりも「素直な一言」を重視したほうがよさそうだと気づきました。

3) 同僚性よりホーム感

さくらんぼ保育園のある〈おうち〉の年度末総括記録。病気・休職から復帰した職員を〈おうち〉の他の3人が受け止めサポートしてくれて立ち直った記録です。感想としてまとめてみます。

復帰し立ち直ったのは子どものことだけでなく、世間話も含めてたわいもないことを笑い合っていっぱい話したことが大きかったようです。子どもを真ん中にした保育観の一致とか合意形成、よく言われる「同僚性」とは少し違うようです。子どもの話にしても、成長や課題という視点ではなく、子どもがしでかしたおもしろかったことを笑って話すなど、「たわいないこと」もいっぱい話したようでした。

子どもや保育の話を中心に一致させ合意しようとすればするほど、違いが鮮明になりギスギスした雰囲気になることが、これまでの職場の人間関係の課題でもありました。「暮らしの保育」の大人の付き合いは、子どもの話はもちろん、それ以外の私語が大人の関係の潤滑油になることを気づかせてくれます。そしてそんな大人の笑いや楽しげな雰囲気が、子どもにとっても「学校的な緊張」ではなく「家庭のような安心感」に包まれるのです。子どもは責任と緊張感が張り詰めた「職場」では、安心して過ごすことはできないのです。また逆に、年齢幅の大きい子どもたちが織りなす人間模様（ドラマ）が大人の安心感を引き出す側面もあったのでしょう。

大人と子どもが一緒に安心感を醸し出し、子どもも大人も〈おうち〉が安心できる居場所になっているのが「暮らしの保育」の魅力です。「同僚性」より「ホーム感」（記録者の表現）です。

さくらんぼ保育園の〈おうち〉は、ある意味大人にとっても職場でありながら「暮らしの場」になっているのではないでしょうか。保育園は確かに給料を貰うので責任を持って仕事をする「職場」です。さくらんぼ保育園の〈おうち〉は、仕事の「責任感」を暮らしの「安心感」で「中和」して、弱さや苦手を出しやすくカバーし合える雰囲気がつくられたのだと思います。

ひまわり保育園でも、「ホーム感」について「子どものことを話す時、わが家のこと、わが子のことを例に上げて保育者同士がよく話しています。悩んでいることがあっても、身近な具体例でイメージがつきやすい感じがします。仕事の顔だけでない、母や妻や地域（子ども会、ＰＴＡ等）の顔も丸ごと見える付き合いだなと思います」と話してくれました。

４）〈おうち〉を超えた付き合い――「職員会議」ではなく「寄り合い」

ひまわり保育園の集まり・会議は以下のように整理できます。

①「〈おうち〉での（小さな）寄り合い」

正式な集まりではないが、日常的やりとりや必要に応じた打ち合わせ。

②「〈おうち〉同士の井戸端会議的立ち話」

お昼寝の時など、近所の〈おうち〉とひまわりの小道（廊下）で情報交換・情報共有。

③「寄り合い」

各〈おうち〉から１～２人、毎週木曜日、〈おうち〉の相談や報告、情報交換・打ち合わせ。

④「連絡会」

各〈おうち〉から１人、事務連絡・行事等の打ち合わせ・報告・決定。〈おうち〉の相談や報告も。

ひまわり保育園では、職員が集まって行なう公式な会議を「職員会議」ではなく「寄り合い」と呼びます。２０１４年に〈おうち〉モデルの「暮らしの保育」を始めて「ひまわり長屋」をコンセプトにした折、長屋や昔の村の「寄り合い」から発想したようです。「会議」だと（特に若い人は）緊張して発言しにくい雰囲気があったのですが、「寄り合い」になってからは、まるで親御さんが「そうそう、うちの子もそう」とわが子の悩みを共感し合っているようだと言います。この「寄り合い」で、ほぼ日常業務に支障のない程度の「情報交換・情報共有」「合意形成」が図られています。そして通常「職員会議」にあたるのが④の「連絡会」。「会議」にしたくないのであえて「連絡会」と呼びます。

ひまわり保育園は、①②のように非公式で日常的な「(小さな)寄り合い」・「井戸端会議的立ち話」と、③④のような公式な「寄り合い」(会議)で成り立っているようです。③の公式的な「寄り合い」は①②の「(小さな)寄り合い」「井戸端会議的立ち話」を基盤にしているのだと思いました。

きたの保育園の大人の集まりは、

①「おうち会」〈おうち〉ごとの集まり

②「ご近所寄り合い」週2回(火曜日と木曜日)

③「全体寄り合い」責任者(代表者)会議、月2回、各〈おうち〉代表者

④「職員会議」月1回、正規に加えなるべく非常勤も出席

と４つで組み立てられています。

ひまわり保育園の「長屋」の「ご近所付き合い」「寄り合い」を参考に考えています。ただ長屋風の建物ではないので、〈おうち〉の集合体を「地域」と呼んでいます。地域は、学校や会社のような「組織」(システム)ではなく「地域共同体」(コミュニティ)というイメージではないかと思います。

本章の冒頭で紹介したように、きたの保育園は１～５歳の異年齢の〈おうち〉４つと０歳の〈おうち〉1つに加え、子育て支援センターと一時保育があります。ご近所付き合いには規模が大きすぎるので、②の「ご近所寄り合い」は異年齢2つと0歳の〈おうち〉の「そらのまち」と、異年齢2つと一時保育の「ねむのまち」の地域割にしているところが工夫のしどころです。

両園とも職員の集まりを「職員会議」ではなく「寄り合い」としてとらえていることが大きな特徴です。これは、保育園を学校や会社のように組織（システム）ではなく、昔の家を基盤にした村落共同体（コミュニティ）というとらえ方に近いのではないかと思います。したがって組織的決定を重視する「会議」ではなく、決めることより寄り合って共通認識を図ることに重点を置いたコミュニティとしての「寄り合い」になったのだと思います。一方的な伝達や意見が出しにくい「職員会議」より、「全員が納得し、やろうという気になる」（鳥越皓之、前出103頁）「寄り合い」のほうが「暮らしの保育」らしいと思います。

3 保護者との間柄――一人の人間として、対等な子育てパートナー

1）保護者にとっての保育者

3園とも、保護者もわが子や保育者同士が名前や愛称で呼んでいると自然に「～先生」ではなく名前や愛称で呼ぶようになったようです。

ひまわり保育園。以前保護者に向けて自己紹介をする時は、クラス（所属）とフルネームを言っていましたが、今は〈おうち〉（所属）とフルネームの後「ひろみさんと呼ばれています」と言うと、保護者がニッコリするのが、以前と違う反応だと話してくれました。先生と呼ばれていた時は、子どもたちや保護者に対しても、どちらかと言うと教える（保護者には日中の様子や子どもたちの育ちなどを伝える）感覚が強かったようです。今では保護者と保育者との距離が近くなって、「子育て仲間」と感じているのではないかと言います。

さくらんぼ保育園。以前は行事等を一緒に作り上げて一体感や感動を共有し、「先生」と呼ばれ「尊敬」に近い感覚もありました。今は「先生」と呼ばれることもなく「尊敬」という感覚もなくなりました。その代わり、何気ないことを気軽に語り合える雰囲気になりました。子どもの話だけでなく、今晩のお買い物やご飯の準備など、暮らしの話題も増えました。尊敬の対象ではなくなりましたが、「対等」な感じが心地よいと話してくれました。

きたの保育園。「先生」と呼んでいた時より「敷居（垣根）が低くなって」「気軽に」なったと感じています。保護者もそれぞれの思いや考えを「ずばずば」言ってくるようになったそうです。しかし保護者との思いや考えのすれ違いも、「クレーム」のような大事にはならないで、最後は笑って終われるようになったと言います。保育者も「先生」という肩の荷が降りて、楽になったのではないかと言います。

〈おうち〉モデルの「暮らしの保育」は、保育者は保護者にとって子育てを支援してくれる専門家

（先生）というより、一緒に子育てしてくれる「子育て仲間」という感覚のようです。ただ保育者は「たんなる子育て仲間」を超えて、昼間の〈おうち〉の「子育てパートナー」的存在なのではないかと思います。「子どもを真ん中」社会とはちょっと違っています。子どもが卒園して、子どもを抜いても一人の人間としてのお付き合いが続くようです。

2）保育者の保護者への向き合い方

3園とも、保育者は保護者を「～ちゃんのお母さん」ではなく名前（名字）で呼びます。きたの保育園は、保護者を「子どものお母さん」としてではなく「その人」として見るようになったと話します。ひまわり保育園も同様ですが、「保育者の保育や子育ての思いや願いを基準にしない」「無理に同じ方向を向こうとしない、それより気持ちを合わせるために待つ」「何でもすぐに言いやすい雰囲気をつくっておく」ことを大事にしたいと言います。

さくらんぼ保育園も同様ですが、担任は基本持ち上がりで、長ければ5年、少なくとも1年交代ということはありません。子どもたちは保護者と居るよりも長い期間保育者と過ごしており、保育者は保護者よりもその子のことをよく知っていることもあります。親代わりにはなれませんが「第二の保護者」「うちの子」意識になると言います。保護者にとっても自分たち以外でわが子のことをよく知っている大人がいることは安心感があります。子どもにとっては「昼間の大きいおうち」「第二のおうち」ですが、保護者にとっても「実家のような保育園」を目指しています。

「暮らしの保育」は、保護者との関わりでは「保育は家庭の子育ての延長」「保育は丁寧な子育て」ととらえたほうがいいのではないでしょうか。歴史的に見れば、「保育の専門性」より「子育ての普遍性」が長かったし、土台になっていたのだと思います。「子育て支援」という言い方は、保育の「質」の高い専門的な保育者が、保育の素人である保護者を、上から「支援」するような感じが残っています。

近藤直子さん（日本福祉大学名誉教授）は「療育は丁寧な保育」だと言っています。これを参考に考えれば「保育は丁寧な子育て」と言ってもいいのではないでしょうか。「暮らしの保育」はもともと〈おうち〉モデルなので、保育と子育てを区別するより、保育と子育ては共通していると考えます。保護者も「『暮らしの保育』は家庭の子育ての延長です」「一緒に子育てしましょう」と言われたほうが、保育者とも話しやすいのではないでしょうか。

３）保護者同士の関係――少しずつ入れ替わる〈おうち〉の保護者間での「伝承」

小学校との接続など学校的価値を重視しがちな保護者と、安心感を土台にした「暮らしの保育」とのギャップはないか尋ねたところ、３園とも、最初はともかく10年以上経過した今はほとんどギャップを感じないという答えは意外でした。その背景を考えてみました。

年齢別保育では子どもだけでなく保護者も5年間ずっと一緒ですが、暮らしの保育の〈おうち〉は5歳児の保護者が卒園し、1歳児の保護者が新しく加わります。保護者仲間も毎年少しずつ入れ替わります。年齢別保育はまとまりやすく卒園後の付き合いも深かったと言います。それに比べると、「暮らしの保育」になって、広く浅く、さらっとした感じに変わったようです。

しかし暮らしの保育の保護者の関係の特徴は、第1に、毎年1歳児が加わることで子どもだけでなく保護者仲間も少しずつ入れ替わります。新しく仲間になった同じ〈おうち〉の1歳児の成長を嬉しく思い、わが子だけでなく同じ〈おうち〉の他の子も可愛くなり、子どもを見る幅が広がっているのではないかと思います。第2に、年齢別保育とは違って小さい子や大きい子も一緒に居るので、同年齢のようにわが子と他の子の育ちの違いが気にならない安心感があります。同時に年齢の違う他の子を見ながら、わが子の成長を振り返り見通しも持てます。第3に、他の年齢の子の親の姿、特に小さい子の親のわが子へのいたわりが全体的に温かい雰囲気を醸し出してくれます。第4に、保護者の年齢幅も同年齢以上に広がって、共感し合うだけでなく知恵を貸してくれる先輩ママ・パパも増えます。第5に、子どもが小さいうちから意識しなくても小学校の情報も伝わり、異年齢保育で小学校に入学してもそんなに困ることなく「安心」「大丈夫」という見通しが持ちやすいのではないでしょうか。この「伝承」機能が小学校入学後の不安を解消していると思われます。

年齢別保育の保護者関係の持続的で固定された集団と違い、少しずつ入れ替わっていく「更新集団」である「暮らしの保育」の保護者関係は、「伝承」が大きな特徴になります。伝承とは、ある集団の中で、考えや雰囲気が受け継いで伝えられていくことです。「暮らしの保育」の考え方や雰囲気が、少しずつ入れ替わりながらも保護者間で「伝承」されているのです。保育園がそんなに力説しなくても、保護者間で保育園の「暮らしの保育」の考えが「伝承」されているのが「暮らしの保育」の最大の魅力です。

3園の聞き取りをまとめてみて、「先生」と呼ばないだけで保育者の意識や保護者との関係、そして保育者同士の関係や組織が、こんなにも大きく変化するのだと気づきました。

ひまわり保育園　寄り合いのようす

第9章 過疎地の小規模・異年齢保育の魅力
――地域も元気にする「屋根のない保育園」

少し話は変わりますが、私は、前著『里山の保育』(1)の終章に「小さいことはいいもんだ」(116頁)と書きました。先進国では園の規模も50~60人、ひとつのクラス規模は20人以下というのが一般的なようです。「暮らしの保育」を考える際に、保育所の規模、〈おうち〉(クラス)の人数は大事な要素になります。

本章では『里山の保育』で取り上げた保育園を紹介しながら、小規模・少人数の異年齢保育の魅力、それが異世代交流とセットになることに言及します。

１　小規模・少人数の保育は理想的な保育条件

１）過疎地の保育園は小規模・少人数の異年齢保育

『里山の保育』の出版を機に、執筆者を中心に「チーム里山」（７人）が発足しました。さらに「チーム里山」を基盤に、「熊本里山保育交流会」（４園）もできました。年に４回各園を訪問して散歩と交流、懇親会を行なっています。まず、熊本の「里山保育交流会」の園を紹介します。

多良木町（人口約８６００人、２０２４年時点、以下同様）の黒肥地保育園は園児39人。クラス編成は、２～５歳の異年齢の〈おうち〉（クラス）２つ、１・２歳児の〈おうち〉１つ、０・１歳児の〈おうち〉１つです。

菊池市旭志（旧旭志村、人口約４１００人）の北合志保育園は園児31人。クラス編成は、３～５歳の異年齢クラス、２歳児クラス、０・１歳児クラスの３つです。

八代市坂本町（旧坂本村、人口約２４００人）のあさひ森の保育園は園児47人。年齢別クラス編成ですが、２０２４年現在異年齢保育への移行を検討中で、週１回１～５歳の３つの〈おうち〉で異年齢交流保育をしています。

山鹿市鹿北町（旧鹿北町、人口約３３００人）のまほろば保育園は園児54人、３～５歳の異年齢２

クラス、0～2歳の1クラスです。現在姉妹園のやはた保育園（園児定員90人、4・5歳の異年齢保育）も参加して5園になりました。

次に熊本里山交流会メンバー以外の「チーム里山」。福岡県宗像市の離島大島（人口約540人）の大島へき地保育所は園児17人。クラス編成は2～5歳の異年齢1クラスです。三重県伊勢市沼木地区（人口約1700人）のみどり保育園は園児22人。クラス編成は、3～5歳の異年齢1クラスと1・2歳の異年齢1クラスです。人口・園児数は2024年8月現在です。

いずれも過疎地の保育園は、ほとんど小規模（全園児数）・少人数（クラス園児数）で異年齢クラス編成です。

２）小規模・少人数のよさ

小規模・少人数保育だと子ども同士の関係が閉鎖的になり「社会性」（人との付き合い）が育ちにくいと問題視されることもあります。本当にそうでしょうか。

確かに小規模・少人数の年齢別のクラス編成では、小さい時からいつも一緒に過ごしているとお互いわかりすぎてぶつかり合うことも少なくなります。しかし小規模・少人数の保育園のほとんどは異年齢保育になっています。小さい子も大きい子も混じり合って育っています。年齢を超えて付き合っています。また近くの保育園や小規模保育園同志で交流保育もしています。園を超えた付き合いもあります。さらに後で述べるように地域のお年寄りとの世代間交流も盛んです。世代を超えて付き合っているのです。このように年齢や世代そして園を超えて付き合うなかで「社会性」が育っているのです。同年齢の仲間がたくさんの集団というだけで社会性が本当に育つのでしょうか。ぜひ検討が必要です。

ところで、あさひ森の保育園（園児47人）の保育者に、５歳児（14名）は保育園の子どもの名前がどのくらいわかっているのか聞いたことがあります。「５歳児だけでなく４歳児も保育園全部の子どもの顔と名前はほとんどわかっていると思う。３歳児でもわかっている子もいると思う」と答えてくれました。人間関係はただ顔見知りだけではなく名前もわかる関係が大事なのです。名前までわかるのは小さい集団だからこそ可能なのです。そのうえ小さいと一目で全体が見えるのでまとまりやすくなります。機動力があって小回りも利きます。保育も臨機応変に柔軟な対応ができるのです。小さいことはいいことだらけです。過疎地の小規模・少人数の異年齢保育はそういった点では理想的な保育条件です。

「子どもたちにもう１人保育士を！」運動等によって、３、４、５歳児の保育士の配置基準が76年ぶりに見直されました。まだ不充分ではありますが一定評価できます。これまでは大人―子ども関係としての保育士の配置基準に焦点を当てて考えてきたのですが、これからは子どもが子どもの名前がわかる子ども―子ども関係としての一園当たりの「適正規模」も課題になることを願っています。小さいことを否定した「下限」規定の「適正規模論」ではなく、小さいことを肯定した「上限」規定のある「適正規模論」の検討が必要です。当面、5歳児が保育園の子ども全員の名前がわかる「規模」はどのくらいかの検討が必要です。これは過疎地と都市部の共通の課題になります。

2 条件的異年齢保育から自然体の異年齢保育へ

1）小規模・少人数が定着して「自然体の異年齢保育」に

私が異年齢保育に関心を持ったきっかけは、1990年代の過疎地の保育園でした。当時の過疎地の保育園は、定員30人以下17・7％、45人以下24・8％、60人以下23・7％と、60人以下が7割近くを占め、小規模な保育園が多いことが特徴でした（全国保育協議会「過疎地域における保育所の実態調査結果報告書」1998年12月）。出生率1・57ショック（1990年）以降の少子化によって小規模・少人数になり、3・4・5歳での年齢別クラス編成が不可能になり、仕方なく一方を異年齢クラスにし、「同年齢・異年齢の2クラス編成」になります。しかも年によって各年齢の子どもの数が変化するので、3歳児クラスと4・5歳児の合同クラスの時もあれば、3・4歳児の合同クラスと5歳児クラスの時もあります。さらに園児が減ると乳児1クラス、幼児1クラス編成になります。全園で1クラス編成のところもあります。

当時は「年齢別クラス編成にしたいけど条件的にそれができないから、仕方なく異年齢保育をしている」という意識だったのです。私はこの「仕方ないから異年齢保育」は子どもに失礼だと思いました。逆手にとって理念的に異年齢を追求する必要があると考えたのです。

そこで序章では（11頁）年齢別にクラス編成できないから「しかたなく」取り組む異年齢保育を「条件的異年齢保育」、年齢別でクラス編成ができる人数にもかかわらず「あえて」異年齢保育に取り組むという「理念的異年齢保育」に分類することを提起しました。今思えば「条件的異年齢保育」は「必然的異年齢保育」と呼ぶことにして、「必然的異年齢保育」と「意図的異年齢保育」に分類したほう分かりやすかったかもしれません。

しかしそんな時代から20数年経ち、過疎化・少子化で小規模になり異年齢クラス編成がますます増えています。かつての大規模・大人数の年齢別保育をそのまま降ろした保育ではなくなりました。もう年齢別保育へのこだわりも溶けてきました。異年齢保育が自然に実践されるようになっています。このような過疎地等での小規模・少人数の自然な異年齢保育を「自然体の異年齢保育」と呼ぶこととします。

２）異年齢交流保育から異年齢保育への転換

あさひ森の保育園(2)は２０２０年の園舎建て替えを機に、あさひ保育園からあさひ森の保育園へと名前を変えました。それを機に、園の保育方針を「里山の自然の営みと人々の暮らしに溶け込んだ里山保育」に転換して再出発しました。今では園舎を飛び出し散歩を中心にした保育を実践しています。また２０２３年から運動会・発表会をなくし、年４回の「親子里山遊ぼう会」に変えて保護者とともに里山保育を楽しんでいます。

年齢別クラス編成ですが、里山保育になってクラスの「壁」を超えて各クラスに比較的自由に出入りしています。月１回のお誕生会の日は丸一日、１～５歳まで保育園全体で大家族のように過ごしています。「年齢別保育での自然な異年齢交流保育」という状況です。

来年（２０２５年）度からの１～５歳の異年齢保育への移行に向けて、２０２３年度前半は週に１回火曜日に３～５歳の異年齢交流保育に取り組みました。学校に行っても子どもも保護者もつながるように、中学校区をもとに「うさぎのおうち」と「くものおうち」の２つに分かれて過ごしました。１つの〈おうち〉はそれぞれ子ども15人に保育士２人が担当しました。

２０２３年12月からは１～５歳（47人）の異年齢交流保育に切り替えました。２０２４年度は週１回金曜日に１～5歳の「せせらぎのおうち」「そよかぜのおうち」「ひだまりのおうち」、３つの〈おうち〉で異年齢交流保育に取り組んでいます。子ども15～18人に保育士２～３人の体制です。２０２５年度から１～5歳の異年齢保育に向けて保護者説明会も開かれています。ちなみにスウェーデンでは園の規模が50人前後、一クラスの人数は18人くらいで保育士３人が一般的なので（他の先進国でもそんな規模のようです）、ちょうどあさひ森の保育園はそれにあたります。

私も一緒にお付き合いさせていただいた異年齢保育への移行の議論では、まず、現在の年齢別保育でも自然に異年齢の交流が行なわれているのに、なぜわざわざ異年齢クラス編成にする必要があるのかということから検討しました。時々一緒のイベント的な異年齢交流保育と毎日一緒の日常的な異年齢保育とは違います。毎日一緒に生活しているからこそ、お互いよくわかりあえるのです。さらに、1～5歳の異年齢保育は「安心感を土台にした〈おうち〉モデルの『暮らしの保育』」であり、行事をなくして日々の暮らしを土台に据えた「里山での『暮らしの保育』」と共通していることも確認しました。他園の見学などもし、丁寧な話し合いを重ねて、1歳児がいる魅力を生かした1～5歳の異年齢保育に、思い切って取り組むことになりました。

また1～5歳の異年齢保育になった場合、これまで年長児を中心にダイナミックに取り組まれてきた里山や小川での散歩や探検ができなくなるのではないかという躊躇もありました。それも、他園との交流をするなかで、1～5歳の異年齢保育では、クラス〈おうち〉を超えた自然な「同年齢交流」が行われており、5歳児だけ集まって活動している保育園の実践も聞きました。これまで取り組まれてきた年長児を中心にしたダイナミックな里山保育も継続しようと話し合いました。

最終的には、都市部の1～5歳の異年齢保育とは一味違った、里山保育を生かしたあさひ森の保育園らしい異年齢保育（暮らしの保育）を目指すことになりました。これは、過疎地の小規模な保育園での意図的な異年齢保育の追求と言ってもいいと思います。理想的な異年齢保育になるかもしれません。

3　異世代交流とセットの「混ぜこぜ社会」「混ぜこぜ保育」

1）自然体の異世代交流

福岡県宗像市の離島大島にある大島へき地保育所(3)は園児19人。2～5歳の異年齢保育1クラスです。19人という小規模・少人数で、しかも1クラス。大家族のように10数年保育をしていると、とりたて異年齢保育をしているという意識がなくなってきて、前に述べた「自然体の異年齢保育」になっています。

大島へき地保育所は、驚いたことに3歳になったら一人で登降園します。また子どもたちだけで買い物にも出かけます。地域の人みんな顔見知りで、温かな見守りがあるからできることでしょう。運動会も保育所単独ではなく全島運動会に参加します。「小さな行事も地域と一緒にやると大きな行事になる」と語っていました。都市部では考えられないことです。何よりも保育所を飛び出して散歩や探検に出かけることが主な活動になっています。

この大島へき地保育所所長の奥村智美さんが語るエピソードは傑作です。例えば「園のフェンスに布団を干す隣のおばちゃん」エピソード。

「園の隣のおばちゃんは、月に何回か園のフェンスに布団を干している。フェンス一面布団でいっぱいになる日もある。布団を干しているのを初めて見た職員みんなで笑った。しばらくしておばちゃんが『ごめんね、ここ干しとる』って言った。雨が降りそうになってもまだ布団を干したままの日があって、みんなで慌てて布団を取り込んでおばちゃんの車に布団を入れといた」

「地域に根ざした保育」というよりも、保育も取り払って「地域に溶け込みすぎた保育所」です。奥村さんの言う「暮らしをともにする保育」そのものです。

大島へき地保育所の異年齢保育は「自然体の異年齢保育」ですが、地域とのつながりも「異世代交流」なんてかしこまった交流ではなく、「自然体の異世代交流」、言い替えれば日常的な「ご近所づきあい」です。高齢者と子どものイベント的な「幼老交流」ではなく、卒園児など学童期に加え、保護者など青壮年、さらに地域のお年寄りの老年と多世代での日常的なおつきあいになっています。子どもたちはその中に包まれて育っています。異年齢保育と異世代交流が自然とワンセットになって、「多年齢保育」「多世代交流」「年齢の幅の大きい『暮らしの保育』」に広がっています。インクルーシブ保育と言うより、「混ぜこぜ社会」「混ぜこぜ保育」と言ったほうがいいかもしれません。

2) 地域は屋根のない保育園

先に紹介したあさひ森の保育園では、園長が「せっかく新園舎を建てたのに、日中誰も保育園にいない」とぼやくほど、毎日午前中は園舎を飛び出して散歩三昧の日々を過ごしています。散歩途中にご近所の家に立ち寄って、お庭で遊ばせてもらったり、時には縁側でおやつをいただくこともあります。毎日散歩に出かけていると顔見知りのおばあちゃんができます。そこは「行きつけの〈おうち〉」になります。「行きつけの〈おうち〉のある散歩」とは素敵です。また散歩途中に農作業をしているおじいちゃんに出会って旬のお野菜をいただくこともあります。過疎地の里山保育の散歩は自然だけでなく人と出会う散歩です。自然と人が織りなす暮らしです。

「里帰り学童保育」（夏休み・冬休み・春休みの数日間）では小学1年生が遊びにきます。昨年の冬休みは1歳～1年生まで一緒に散歩に出かけました。1年生は前年までお世話になったご近所のおじいちゃんおばあちゃんへのご挨拶も兼ねています。

その様子は、次のようにクラスだよりに書かれていました。

「遠山のおばあちゃんは『遠くから声がしたから待ってたよ。お菓子を用意したから食べんね』『漬物もあるよ、食べる?』とお菓子と手作りのお漬物を振舞ってくれました。おばあちゃんのお庭のテーブルを借りておやつタイム。１年生が『にじちゃん、こっちおいで』と小さい子を隣に誘ってくれました」

なんとも言えない、心温まる風景です。１～５歳の異年齢の子どもたちと１年生の異年齢散歩に、「ご近所」のおばあちゃんも加わった「多世代交流」（ご近所づきあい）に発展します。まさに「年齢に幅のある暮らし」です。

３）地域づくりにも一役買って

とは言っても過疎地の現実は厳しいのです。黒肥地保育園主任の鍋田まゆさんが[4]、「地域に出かけてもお年寄りはデイサービスに出かけていて会うのは犬と猫ばかり」だと話してくれたことがありました。過疎地を牧歌的にしか見ていなかったことを痛烈に指摘されたのです。鍋田さんはそれでも保育園を飛び出し、稲刈り、田植え、タマネギ掘り、お茶摘み、トウモロコシもぎなど、四季に応じた農的暮らしの中で世代を超えてつながることでエネルギーを生み出そうと必死です。また、田んぼコンサートをしたり「ご近所作品展」を催したり、文化で地域を元気にしようとするのです。地域が元気でなければ子どもも元気になれないと考えているのでしょう。

みどり保育園園長の倉世古久美子さん[5]はよく「子どもをだしに」と言います。子どものためにではなく、元気を失いそうなお年寄りのために子どもをだしに使うのです。月1回のレストランを始めました。月1回だけれども、その日のために口紅をつけておしゃれをしてくるおばあちゃんがいます。子どもたちからのお誕生日プレゼントを軽トラにぶら下げているおじいちゃんもいます。倉世古さんが言うように「子どもはただそこにいるだけでお年寄りを元気にしてくれる」のです。お年寄りを元気にすると子どもも元気をもらいます。元気は伝染するのです。

過疎地での散歩を中心にした里山保育は異年齢保育と多世代交流（ご近所づきあい）をつないでいるのです。集落全体が「屋根のない保育園」になるのです。しかも、子どもたちは里山の人びとに育ててもらっているだけではなく、集落の人を元気にしています。子どもたちは「小さな地域おこし協力隊」「小さな民生委員」の役割も担っています。異年齢保育から自然とつながる多世代交流、「多年齢保育」「年齢幅の大きい『暮らしの保育』」は地域づくりにも一役買っています。

大島へき地保育園　布団を抱えて

黒肥地保育園

みどり保育園　畑の手伝い

黒肥地保育園　田植え

黒肥地保育園　散歩

北合志保育園　おいも掘り

終章　「暮らしの保育」――まとめと検討課題

1　異年齢保育の先に見えてきた「暮らしの保育」

1）子どもはいつも手持ちの力で精一杯生きている

子どもは子ども同士お互いのことをよく知っているのだということが明らかになりました。大人はまずこのことを認識すべきだと思います。子どものことをわかろうと思ったら子どもに聞いてみること。子どもをまるごと（すべて）わからなくてもいいのです。「ちょっと知っている」くらいでもいいのです。子どものことをもっと知りたければ、素直に子どもに教えてもらえばいいのです。

子どもを「ちょっと知っている」ためには「気にかける」ことです。子どもを「わかる」ことはそう簡単ではありませんが、いつも「気にかけておく」ことはできます。子どもは全部わかってくれなくても気にかけてもらうだけで安心して自分から動き出します。「作業しながら」見ているのはまさに「気にかける」ことです。子どもを「理解する」という姿勢よりも「分からなければ聞いてみよう」という子どもと一緒の「暮らしのまなざし」を大事にします。

また、年齢別の保育では「発達段階をふまえた保育」「年齢別の発達課題の保障」が必要でした。異年齢保育もこれまで「年齢別の発達論」の影響からなかなか抜け出せずにいました。しかし、ようやく異年齢保育には異年齢保育の子ども観・発達論があってもいいのだとはっきりしてきました。まず、「子どもはいつも手持ちの力で精一杯生きている」(浜田寿美男)という子ども観を根底に置きます。子どもは大人が思っているほど先を見通しているわけではないからです。そして今持っている手持ちの力で精一杯生きて、エネルギーが満ちた時がやり時(どき)だと考えます。さらに年齢別保育での対等な関係を土台に置いた(年齢別)発達論とは質の違った「年齢幅の大きい暮らしの中での対等・非対等な人間模様の発達論」、「複雑な人間模様」を土台にした発達論の構築が課題となっているのです。これについては、後の3でくわしく触れます。

２）子どもは大人の暮らしの傍らで見よう見まねで育つ

異年齢保育は、異なる年齢でクラスが編成される保育です。しかも1～5歳の異年齢保育は「年齢幅が大きい『暮らしの保育』」です。年齢が「異なる」とできる・できないという能力にも「差」ができます。能力に「差」があると、活動にかかる時間にも「幅」が出てきます。それを前提にすると、「時間で区切る保育」から「時間帯で保育する」に変わります。年齢幅の大きい「暮らしの保育」は、みんなで一斉に揃えることに価値を置かなくなります。子どもも時間帯のなかで自分なりに考えて行動するようになるのです。

「暮らしの保育」では、大人は子どもにどうかかわるかよりも、「今その手助けが必要か？」という判断が先に求められます。その際に「ひと呼吸置く」「出方を見る」「願いをいったん横に置く」といった「構え」が生まれます。大人の「願い」は当然あるのですが、その願いをすぐに子どもに伝えず「ひと呼吸置く」「いったん横に置く」のです。願いは持ちながらも「出方を見る」のです。同時にやりたくない気持ちはまず受け入れて、その後で「でもね……」とやりとりするのが一般的ですが、やりたくない「気分」も認め、やらないことも選択肢の一つになるのです。

「暮らしの保育」は、指導するでもなく見守るでもない「距離感」「間合い」が大事です。「寄り添う」とか「見守る」が過剰になると、子どもは見張られているような気になるかもしれません。子どもの世界への侵入を戒め、同時に子どもから目を離さない「間合いをはかる」振る舞いが求められます。

先に、「作業しながら」見ているのが「気にかける」と述べましたが、それは大人がひとつのことに集中するのではなく、～しながら～するというふたつのことを同時並行的に行なう「半身で暮らす」、あるいは大人の仕事と子どもの活動を「重ねる」ことですが、そうした「構え」は「教育の意図性」ではなく「暮らしの必然性」から生まれるのです。

子どもは周りの人をよく見て真似します。いつも一緒に食卓を囲んで、一緒に寝て一緒に遊んでいる、そんな「身近な人」だから真似したくなるのでしょう。「憧れ」という言葉ではしっくりきません。また、大きい子たちは言葉で教えるより先にやって見せます。そのほうが子どもにはわかりやすいのです。「見よう見まね」と「やって見せる」はセットです。また、大人がしていることも気になるのです。大人が傍に居ることで安心して思い思いに遊んだり、一緒にやってみようとしたりすることもあります。大人が子どもと「一緒にやる」中で「やって見せる」ことも「見よう見まね」の貴重な機会です。

このように乳幼児期の子どもは大人が教えて育てるよりも、大人の暮らしの傍らで見よう見まねでいつの間にか身につけることがほとんどです。これを「教えて育てる」営みである「教育」に対して、「教えられなくて自然に学ぶ」＝「形成」と言います。乳幼児期の育ちの基盤になるのは「形成」です。形成は「結果としての育ち」です。

3）安心感を土台にした〈おうち〉モデル

これまでたいがいの保育所は幼稚園と横並びに年齢別クラス編成の学校をモデルにつくられ、運営されてきました。「暮らしの保育」は非学校・脱学校思想です。保育を〈おうち〉〈家庭・家族〉モデルで考えるのです。保育所は学校ではない、学校より家庭に近い、しかし家庭でもない。本当の家庭ではないが「第二」の「昼間の」「大きい」〈おうち〉と考えます。

これまで保育所は、家庭の形成機能を前提に、家庭にはない「集団保育の場」として学校をモデルに考えてきました。しかし保育所は学校のような「教育」の場としてよりも、本来家庭がはたしていた「安心できる居場所」としての機能が求められる時代になったのです。安心感を土台にした〈おうち〉モデルの「暮らしの保育」を略して「暮らしの保育」と言います。

その特徴は、基礎集団を「学級」「クラス」ではなく〈おうち〉と呼び、大人を「先生」ではなく名前または愛称で呼ぶことです。「子どもも保護者も保育者を先生と呼ばない」「保育者同士先生と呼び合わない」のです。この先生と呼ばないことで学校モデルから一気に脱皮します。「暮らしの保育」は「先生と呼ばない保育」です。

4）〈おうち〉の暮らしの風景と人間模様

家族関係はその基盤に家庭生活があってこそ成り立っています。保育を人間関係に収れんしすぎないことも大きな課題です。〈おうち〉での「暮らし」も、基盤になる生活があります。

まず「食」が暮らしの中心です。給食室を「台所」と呼び、それぞれの〈おうち〉には小さなキッチンがあります。〈おうち〉の炊飯器でご飯を炊いて、ちゃぶ台を囲んで食べます。台所の職員も食事に付き合います。ちゃぶ台には主菜と副菜は大皿盛りでドーンと置かれています。自分の好みや体調や腹具合に合わせて量を決めて食べます。いつも一緒のテーブルで食べるのでお互いの好き嫌いもよく知っています。おかずが足りなくなった時は分け合って食べます。分かち合いは最も人間らしい暮らし方です。

季節と天気を織り込んで暮らします。その日の天気と気分で予定も変わります。人間中心の発達ではなく、自然と一体化した天気と季節を意識した暮らしが営まれます。成長を急かされやすい直線的な「発達」の時間より、ゆっくりと循環する「季節」の時間が安心感をもたらします。そして「暮らしの保育」は節目としての「行事」より彩りとしての「祭事」として営まれます。

さらに「ご近所づきあい」を大事にします。〈おうち〉は小さい〈おうち〉や大家族の大きい〈おうち〉もありますが、それぞれの「カクン（家訓）」や家風もあります。大人の関係は学校のような

「同僚性」ではなく「子育て仲間」です。「報・連・相」のように堅苦しい感じはなく「立ち話」。会議も学校の職員会議風ではなく、村の「寄り合い」風です。保育所は職場ですが大人の暮らしの場でもあるのです。

1歳児がいる人間模様。大きい子にとっては「たまらなくかわいいけど、思うようにならない1歳児」。当の1歳児もどうやら自分が一番小さいとは思っていないらしく、なんでも真似する「身の程知らずの1歳児」に変貌します。このように1歳児が混じると3~5歳児の幼児期の異年齢保育よりも、年齢の幅が3歳から5歳に広がり、子ども同士が織りなす出来事はより複雑になります。「年齢幅の大きい暮らし」を同年齢での「人間関係」に対して「人間模様」と呼ぶことにします。さらに過疎地の里山での小規模・異年齢保育では「異世代交流」も加わります。異年齢保育と異世代交流がセットで取り組まれています。差異が強調される『「異』年齢保育」より多様性に開かれた『「多』年齢保育」「年齢幅の大きい暮らしの保育」と呼んだほうがいいかもしれません。

2 「暮らしの保育」の検討課題

1) 理論と実践が一対となった保育

「暮らしの保育」は理論的には、保育を「年齢別輪切り集団」の学校をモデルにしないで、安心感を土台にした〈おうち〉モデルの保育と力説してきました。1～5歳の「暮らしの保育」を実践しているひまわり保育園など3園に聞き取りをした時（第8章）、子どもも保護者も保育者を先生と呼ばない、保育者同士も先生と呼び合わないことが、「暮らしの保育」の実践的確立につながっていたことを実感しました。

そのうえで保育は子どもを教えて育てる「教育」ではなく、「形成の思想」にまで昇華することが理論的な課題であると確信しました。「暮らしの保育」のバックボーンに座るのは「教育」理論ではなく「形成」理論です。これまでの同年齢を前提にした保育論は、教育と発達が手を携えて「結果としての育ち」をないがしろにして「大人への準備」を先急ぎしていたのではないでしょうか。「保育という営みは教育の切り売りではない」（故加用文男）し、「教育に傾斜しすぎた保育」（渡邊保博）を再考する時期が来ています。

「暮らしの保育」は保育形態としての異年齢保育にとどまるものではなく、子どもへのまなざしやおとなの振る舞いをとらえ直す実践と、学校モデルから脱却して「安心感を土台にした〈おうち〉モデルの『暮らしの保育』というもう一つの保育論を探求する」思想と一対になった保育論です。

(2) 年齢幅の大きい暮らしがもたらす「伝承」

これまで年齢幅の大きい「暮らしの保育」の特徴として「見よう見まね」「模倣」については随所

で取り上げてきました。同時に、その〈おうち〉の暮らし方（雰囲気や文化）が年度を超えて子どもたちのなかで伝承されていきます。これは年齢別保育にはない大きな特徴です。異年齢保育研究ではこの「伝承」はあまり取り上げられてきませんでした。それは異年齢保育を単年度で見ていて、3年または5年という複数年度で長期的に見てこなかったからです。

1～5歳の異年齢保育（暮らしの保育）で大人の〈おうち〉替え（担当クラスの変更）があった時、新しく仲間入りした大人に、大きい子が「わからないことがあったら聞いてね、教えてあげるよ」と言われたと笑って話してくれたことがありました。その〈おうち〉で数年暮らしている大きい子たちは、新入りの大人以上にその〈おうち〉の暮らし方を知っているのです。子どもたちは前年度の暮らしから新年度になっても〈おうち〉の流れの見通しが持てているからです。目の前にいるちょっと大きい子をモデルに行動できるからです。モデルがいない5歳児でも、前年度の5歳児の暮らしぶりが記憶に残って伝承されているのです。この伝承が年齢別保育のように単年度で完結しない異年齢保育（暮らしの保育）の特徴です。

伝承は「受け継ぐ」ことと「後世に伝える」ことです。ここでいう「伝承」は、年齢幅の大きい集団の中で、考えや雰囲気が受け継いで伝えられていくことです。そこでは、大人がそれほど介入しなくても、見よう見まねが伝承にまでつながり、子どもたちのなかで自然と伝わっていくのです。大人はあくせくしなくてすみます。

故小川博久さん（東京学芸大学名誉教授）は、遊びの伝承について「すぐまねられるレベルから、最後に達すべきレベルのモデルまで同一集団に存在する」集団、つまり異年齢集団の必要を説いています。同時にそこでは「生活集団の中で随時あそび集団が組織されていき、メンバーの柔軟な役割交代」がなされると述べています（「『伝承遊び』における集団構造の特色」日本保育学会発表論文集、１９８７年）。年齢幅の大きい暮らしの保育は、毎年５歳児が卒園して１歳児が仲間入りして少しずつ入れ替わり、役割を交代しながら「伝承」されていくのです

３　「人間模様スケッチ」の提案（紹介）

ここでは前節では触れられなかった「複雑な人間模様」を土台にした発達論の構築について提起するために「人間模様スケッチ」を紹介します。

「人間模様スケッチ」とは、異年齢保育（暮しの保育）での子どもたちの日常での一場面を切り取った保育記録の記述の仕方です。一場面のできごとのエピソードを超えて、年齢や状況が複雑に混ざりあって単純には説明できない状態を「人間模様」と呼びます。その人間模様を「実況放送のようにスケッチ」し、その人間模様スケッチから感じたことや気づいたことを「気づき」としてまとめたものです。

辻享子さん（滋賀県・きたの保育園　１～５歳）の「いろいろあるのが当たり前」と題された実践記録[1]を人間模様スケッチの一例として取り上げ、「概要、スケッチ、気づきと考察」に再構成して紹

介します。

「人間模様スケッチ」

〈概　要〉

記録者　辻享子（きたの保育園、勤務　年）

記録日　２０１６年10月13日（木曜日）時間帯（　）

場　所「たんぽぽのおうち」

子ども20名　１歳児４人、２歳児５人、３歳児４人、４歳児３人、５歳児４人

大人４名（常勤１、嘱託１、非常勤２）

状況・雰囲気（家風・家訓などを書き込む）

〈スケッチ〉

テーマ「**人のモノは自分のモノの1歳児がいればこそのハプニング**」

この日は外で遊ぶ子がほとんどで、居間ではアイロンビーズに熱中している4、5歳児と、その周りに1歳児がいた（○の中の数字は年齢を表す）。

アイロンビーズをしているのは、はると⑤、ゆい⑤、きさら⑤、みう④の４人。アイロンビーズをしている机の近くでは、ソフト積み木を積んだり並べたり、車をイメージしてつくっているはやと①（きさらの弟）と、大きい子のしているアイロンビーズが気になるゆうし①（はるとの弟）がいた。ゆうし①はアイロンビーズを自分もしたいのか、机に寄っていき、机の真ん中に置いてあるビーズ入れに手を伸ばした。大きい子たちはビーズ入れを共有して遊べるけれども、ゆうし①は、みんなのものは自分のものの1歳児。ビーズ入れを自分のほうに引き寄せてしまう。

はると⑤はこれは許せないと、ビーズ入れをみんなの真ん中に戻そうとして引っ張りあいになった。その拍子に、きさら⑤の作品（考えて素敵にデザインされたもの）に当たり壊れてしまう。ゆうし①は泣いて一旦、この場から離れていった。きさらは⑤はもう一度作り直し始めた。机の近くではソフト積み木で作った車にまたがり「ブップー」と上機嫌で遊んでいるはやと①がいた。ふとした拍子に積み上げていた積み木がぐらつき倒れてしまう。運悪くまたきさら⑤の作りかけの作品に当たって壊れてしまう。キレイにデザインしてつくったものを2回も壊されて、よっぽど悔しかったのか、悲しかったのか、普段保育園では泣くことが少ないきさら⑤が泣いてしまった。

ゆい⑤は、アイロンビーズを中断し、はやと①のほうに向かっていく。怒られると思ったのか、はやと①は、ゆい⑤に対してソフト積み木を投げようとした。その様子を見ていたはると⑤が「はやと①、それはあかん！」と一喝したのだ。はやと①にとって、はると⑤は頼れるお兄ちゃんで、大好きな存在。友だちとおもちゃの取りあいなって取られてとられてしまったときなど、姉（きらら⑤）ではなく、はると⑤に助けを求めに行って、よしよししてもらうほどに「にいに、にいに」と慕っている。そのにいにいに思いっきり怒られて、しょうんぼりするはやと①。そして大きな声で「うわぁーん」と泣き出してしまった。すると、みう④が泣いているはやと①のそばに寄って行き、目と目を合わせて何か話しかけている。そして「お外いこっか」と誘ってくれた。

はやと①は、みう④に帽子をかぶせてもらい、靴も履かせてもらって一緒に外へ遊びに行った。これで一段落し、きさら⑤がまたつくりはじめたところにゆうし①が戻って来た。さっきのようにまたビーズの入れ物を独り占めしようとし、兄はると⑤とまたまたひっぱりあいになって、またまた、きさら⑤の作品に当たって壊してしまった。今度はもっともっと大きな声で泣きまくるきさら⑤だった。

気を取り直してつくった作品は、壊れても簡単に作り直せそうな小さなお花が3つ並んだものだった。でも「できたよ」とおとなに見せにきたきさら⑤の顔は、しょんぼり顔ではなく、笑顔だった。

〈気づきと考察〉

【場面での気づき】

この場面では、半年間子どもと暮らしてきたなかで、子ども同士の関係性がよりわかるようになっていたので、大人は見守ることにした。❶

きさら⑤は普段から自分に嫌なことがあっても、勢いよく言い返すことはなく我慢することもある。アイロンビーズ遊びのなかでも泣きはするが、一言も発していない。だが、周りの子がこの場を何とかしようとしてくれた。きさら⑤が泣く原因をつくったはやと①に物申そうとしたゆい⑤、ソフト積み木を投げようとしたはやと①に一喝したはると⑤、泣いているはやと①の気持を聞いてくれて外に連れ出してくれたみう④。そんなみんなの振る舞いを見て、きさら⑤はきっと友だちの思いを何か感じたのだと思う。❷だからこそ、最後は気持ちを立て直して笑顔になれたのではないか。

思い通りにならないことも多いが、心の幅が育っていると思う。また、はやと①の立場から考えると、自分でつくった大事な車がつぶれて悲しいのに、自分だけ怒られるという二重の苦しみを味わいどうしたらいいのかわからないところに、みう④が手をさし伸べてくれて、気持ちを聞いてもらえたことで、立ち直れたのかもしれない。

異年齢で一緒に過ごしている、ごちゃごちゃしたことやハチャメチャなことがたくさんある。そんな暮らしの中でさまざまな感情が交差し、互いの気持ちに気づいたり思いをいっぱい出したりして過ごしている。

【理論的な考察】

こうした出来事は、日々の暮らしの中にたくさんある。この場に「みんなの物は自分のもの」の1歳児がいなければ、このようなことは起こらなかっただろう。それと、いつもならソフト積み木は畳の部屋で遊ぶのに、この日にかぎって居間まで運んできて遊び出すなど、日常のなかにいつもと違うことが当たり前にある。遊び方や、遊ぶ場所、年齢などに決まりはなく、さまざまなことに幅があり、大きい子の遊びの近くに小さい子がいるのは普通のことである。

そうした環境のなかで、1歳児の「ぼくもしたい」という思いが、日ごろから表現できているがゆえに起こりうる一場面なのだ。5歳児も相当腹が立てば1歳児と遠慮なくケンカする。加減はするが、手が出ることもあるし泣くこともある。逆に1歳児でも5歳児に向かって行くことがある。小さい子に優しくできることや、大きい子に憧れることだけが異年齢保育（暮らしの保育）ではないと思う。

小さい子を遊びに入れないこともある。今は入ってきてほしくないときもあるし、逆にどうやったら小さい子と一緒に遊べるのか考えてくれるときもある。小さい子はそんな大きい子の思いを感じ取り、こわいだけでの大きい子とは思っていない。このように暮らしのなかには多様性と違いが豊かにあって、そのことを子どもたちはちゃんと感じているのだと思う。

4 「暮らしの保育」の発達論構築のために

1）辻さんの「人間模様スケッチ」について

登場人物6人（5歳児3人と1歳児2人、そして4歳児1人）の複雑な関係と心情、そして状況が見事に描写されています。まるでテレビドラマの脚本のようで、見事というしかありません。

これまでの保育は「ねらい」は重視してきましたが、「しない」理由を説明することはあまりなかったように思います。辻さんの〈気づきと考察〉が秀逸なのは、傍線❶のように「見守る」つまり「しない保育の理由」を見事に説明し、そのことでの子どもの育ちを意味づけています。「するねらい」よりも「しない理由」を傍線❷のように説明することが保育の深さにつながります。辻さんの人間模様スケッチは深いです。

さらに「場面での気づき」に加えて、1歳児が混じることの意味、さらに「小さい子に優しくできることや、大きい子に憧れることだけが異年齢保育ではない」「暮らしのなかには多様性と違いが豊かにある」と実践者としての理論的な考察もなされています。「暮らしの保育」にふさわしい記録です。今後「暮らしの保育」の記録の様式や記述の仕方についても深める必要があります。

2）「人間関係」を「人間模様」ととらえるわけ

保育の世界では、「人間関係」は年齢別集団を前提とした二者～三者中心の対人関係です。しかし異年齢保育（暮らしの保育）では幅広い年齢の子が混ざり合って、いろんな出来事が複雑に絡み合い、原因や結果が説明しにくい状態になります。

鷲谷いづみさん（東京大学名誉教授・生態学）は「さとやまを空から見ると、集落・田畑・ため池・水路・樹林・草原などが組み合わさってまるでパッチワークのように目に映ります。このような様々な土地利用が作りだすパターン（模様）を、『生態系模様』と呼びます[2]」と書いています。

私もこの「生態系模様」になぞらえて、1～5歳のドラマチックで網の目を張り巡らせたような複雑な人間関係を「人間模様」と呼ぶことにしたのです。「人間模様」は、「人間関係」のように客観的に記述しにくく、主観的な「雰囲気」や「状況」としてとらえています。その記録を「人間模様スケッチ」と呼ぶことにしたのです。鯨岡峻さん（京都大学名誉教授）の主観的記述を重視した「エピソード記述」に近いのですが、「エピソード記述」より俯瞰的なスケッチ、実況放送的記述が特徴です。

3）異年齢保育の発達論の構築のためには「人間模様スケッチ」の積み上げを

これまで何度か引用してきた浜田寿美男さん（奈良女子大学名誉教授）の「子どもはいつも手持ちの力で今を精いっぱい生きている」という子ども観・発達論と出会ったことで異年齢保育（暮らしの保育）には異年齢保育（暮らしの保育）の発達論が必要だと確信しました。

私は『「荒れる子」「キレル子」と保育・子育て』（2001年、かもがわ出版）を出版した頃から、故神田英雄さん（桜花学園大学教授）の「年齢も視野に入れた、保育実践とつながった発達研究」に関する書籍をバイブルのように読んで学んできました。そして「年齢ごとの発達の特徴と発達のすじみち」を熱く語ってもきました。しかし異年齢保育を論じる時、「年齢別の発達論」をどう位置付けていいかわからない戸惑いの時期が長く続いてきました。そうしたなかで浜田さんの発達論と出会って、それまで学んできた発達論はいったん脇に置いて、異年齢保育には異年齢の発達論があってもいいのだと思うようになりました。

ただし浜田さんの発達論に学んだだけでは、年齢別齢保育での対等な関係を土台に置いた（年齢別）発達論とは質の違った「年齢幅の大きい暮らしのなかでの対等・非対等な人間模様の発達論」、言い換えれば「複雑な人間模様」を土台にした発達論の構築は課題として残されたままです。浜田さんの発達論は異年齢保育（暮らしの保育）のために提起されたものではないのです。「暮らしの保育」には「暮らしの保育」の発達論を自分たちで実践の場から立ち上げていく必要があります。そういう点では辻さんの記録（人間模様スケッチ）との出会いも必然でした。

そのためには、まず先に紹介した辻享子さんの「人間模様スケッチ」のような暮らしの中での複雑な人間模様スケッチを積み上げることが必要です。同時にその「スケッチ」の「場面での気づき」と「理論的な考察」を深めることです。そのためには実践者主導による研究者との共同作業が必要です。そこで得られた知見はおそらく「発達」という概念にとらわれない「暮らしの中の育ち」にまで広がり、実践から立ち上がった「暮らしと育ちの科学」になる可能性もあるのだと思います。しかしそれは、子どもの心に踏み込んで科学的に分析することではないのかもしれません。複雑なものは複雑なままで「暮らしの中の育ち」を味わうことにとどめておくべきことかもしれません。それが実践科学としての保育学の矜持なのかもしれません。

【引用・参考文献】

序章

（1）島田知和「異年齢保育の実態把握と今後の展望について」『別府大学短期大学部紀要』40号、2021年、53頁
（2）宮里六郎編『里山の保育――過疎地が輝くもう一つの保育』ひとなる書房、2023年、12頁
（3）林若子・山本理絵編『異年齢保育の実践と計画』ひとなる書房、2010年、31〜36頁
（4）嶋さな江＋ひばり保育園『保育における人間関係発達論』ひとなる書房、1998年、39頁
（5）拙稿「異年齢保育の理論的背景――学校化社会・教育と形成・正統的周辺参加」『熊本学園大学社会福祉研所所報』50号、2022年、26頁
（6）社会福祉法人多摩福祉会50年誌編集委員会『多摩福祉会50年誌――きもちつながる　想いひろげる』ひとなる書房、2022年、59〜69頁
（7）愛知保育問題研究会『愛知保育問題研究』28号、2019年、5頁

第1章

（1）三島奈緒子さんの実践記録
①「食べることが大好きな子どもに――楽しく・おいしく・意欲的に食べる大皿盛りの取り組み」『季刊保育問題研究』248号、新読書社、2011年
②「食べることが大好き――くらしのなかで心を育む」『ちいさいなかま』686号、ちいさいなかま社、2019年
③「異年齢のくらしのなかで〝食べることが大好き！〟な心を育てる」『季刊保育問題研究』296号、新読書社、2019年
（2）松村正希他「『保育』とは何か――『生きる力』をはぐくむ視点を大切にした保育環境」『第42回全国保育団体合同研究集会要綱』2010年
（3）藤下菜穂子「1歳児がいるのがあたり前の暮らし――未満児を含んだ異年齢保育」『季刊保育問題研究』270号、新読書社、2014年

（4）土井善晴『一汁一菜でよいという提案』グラフィック社、２０１６年、42頁
（5）室田洋子『食卓から見える子どもの心・家族の姿』芽ばえ社、２００９年、57頁
（6）神野直彦『「分かち合い」の経済学』岩波新書、２０１０年、18頁
（7）中村桂子『老いを愛づる—生命誌からのメッセージ』中公新書ラクレ、２０２２年、99頁
（8）（5）29-52頁
（9）（5）30頁

第2章

（1）『季刊保育問題研究』３０８号、新読書社、２０２１年、所収
（2）川田学「発達心理学的自由論 シーズン2 第12回 年齢と発達」『現代と保育』92号、ひとなる書房、２０１５年、82頁
（3）川田学「保育エッセイ 四季の子ども④ 浮子の冬」『幼児の教育』２０１７年冬号、フレーベル館、33頁
（4）（2）82頁
（5）加賀美雅弘「気候とかかわりのある暮らし」『建設コンサルタンツ協会誌』２４８号、２０１０年、建設コンサルタンツ協会、19頁
（6）（2）に同じ
（7）千葉雅也『現代思想入門』講談社現代新書、２０２２年、12頁

第3章

（1）下田浩太郎（東京・ひらお保育園）「年齢別保育から異年齢保育へ——保育形態の変化と子ども理解」『発達』１６８号、ミネルヴァ書房、２０２１年、22頁
（2）川田学「『異年齢』において何を見るか——発達論への展望」『子ども発達臨床研究』12号、北海道大学大学院教育学研究科附属子ども発達臨床研究センター、２０１９年、55-64頁
（3）三宅英典「わが国の異年齢保育における発達の保障を取り巻く研究動向と展望」『金城学院大学論集 人文科学編』18巻1号、２０２１年、１１８-１２８頁

(4)(2)に同じ

(5)(1)21-26頁

(6)平田友里(福岡県・やまのこ保育園)「ゆっくりと『おうちのなかま』になっていく」『季刊保育問題研究』278号、新読書社、2016年

(7)田中朋子・朝倉みらい(名古屋市・くまのまえ保育園)「自分を知る、相手を知る、くらしの中で育つもの——ひとは人と生きていく」『季刊保育問題研究』320号、新読書社、2023年

(8)宗像慶子(東京都・上北沢こぐま保育園)「一歳児から五歳児が一緒に暮らすおうち——いろいろな自分が見つかる異年齢保育」『季刊保育問題研究』314号、新読書社、2022年

(9)内村いずみ(熊本市・さくらんぼ保育園)、2014年、聞き取りメモ

(10)澤井由貴(滋賀県・きたの保育園)「きたののくらしぶり」『季刊保育問題研究』320号、新読書社、2023年

第4章

(1)平田友里(福岡県・やまのこ保育園)「ゆっくりと『おうちのなかま』になっていく」『季刊保育問題研究』278号、新読書社、2016年

(2)西本紫舞(熊本市・さくらんぼ保育園)「おうちでの生活三年目——子どもの姿から見えてきたものと私の心の変化」『季刊保育問題研究』284号、新読書社、2017年

(3)浜田寿美男『親になるまでの時間 前編』ジャパンマシニスト社、2017年、37頁

(4)(3)37頁

(5)浜田寿美男『〈子どもという自然〉と出会う——この時代と発達をめぐる折々の記』ミネルヴァ書房、2015年、194-195頁

(6)(5)56頁

(7)(5)71頁

(8)(5)156頁

(9)(5)71頁

第5章

（1）田中朋子・朝倉みらい（名古屋市・くまのまえ保育園）「自分を知る、相手を知る、くらしの中で育つもの――ひとは人と生きていく」『季刊保育問題研究』３２０号、新読書社、２０２３年

（2）中田聖香（熊本市・さくらんぼ保育園）「ホッとする暮らし、確かな安心感を土台に」『季刊保育問題研究』３０２号、新読書社、２０２０年

（3）石坂聖子（熊本市・ひまわり保育園）「新園舎での一歳児からの異年齢保育にむけて――ひまわり長屋の『気配』を感じ合う暮らしを！」『季刊保育問題研究』３０８号、新読書社、２０２１年

（4）中井久夫・山口直彦『看護のための精神医学　第2版』医学書院、２００４年、２３０頁

（5）澤井由貴（滋賀県・きたの保育園）「きたののくらしぶり」『季刊保育問題研究』３２０号、新読書社、２０２３年

（6）西本紫舞（熊本市・さくらんぼ保育園）「子どもは子どもなりに考えて暮らしてる」熊本異年齢保育研究会報告資料、２０２２年

（7）（5）

第6章

（1）澤井由貴（滋賀県・きたの保育園）「きたののくらしぶり」『季刊保育問題研究』３２０号、新読書社、２０２３年

（2）土井善晴『一汁一菜でよいという提案』新潮文庫、２０２１年、84頁

（3）林若子・山本理絵編『異年齢保育の実践と計画』ひとなる書房、２０１０年、51頁

（4）牧野さやか「暮らしのある保育のなかで育つ子どもたち――一人ひとりの子どもの願いを『解る』とは」『季刊保育問題研究』２６７号、新読書社、２０１４年

（5）開一夫『赤ちゃんの不思議』岩波新書、２０１１年、１１４-１３０頁

（6）渡邉保博『生活を大切にする保育の胎動』新読書社、１９９８年、89頁

（7）浜田寿美男「生活での学び　学校での学び」佐伯胖監修『「学び」の認知科学事典』大修館書店、２０１０年、１１４-１１７頁

（8）福岡正信『わら一本の革命――粘土団子の旅』春秋社、1983年、20-24頁
（9）田中洋子編『エッセンシャルワーカー――社会に不可欠な仕事なのに、なぜ安く使われるのか』旬報社、2023年、7-8頁
（10）全国夜間保育連盟監修・櫻井慶一編集『夜間保育と子どもたち――30年のあゆみ』北大路書房、2014年、186頁

第7章

（1）平田友里（福岡県・やまのこ保育園）「ゆっくりと『おうちのなかま』になっていく」『季刊保育問題研究』278号、新読書社、2016年
（2）木村文美（滋賀県・きたの保育園）「ひと呼吸――初めて異年齢保育を経験して学んだこと」『季刊保育問題研究』272号、新読書社、2015年
（3）峰島厚「子どもの生活づくりを援助する実践」浅倉恵一・峰島厚編『子どもの福祉と養護内容――施設における実践をどうすすめるか』ミネルヴァ書房、2004年、29-45頁
（4）三高真由子（名古屋市・かわらまち保育園）「子どもの思いから出発する保育の大切さに気づかされて」『季刊保育問題研究』278号、新読書社、2016年
（5）澤井由貴（滋賀県・きたの保育園）「きたののくらしぶり」『季刊保育問題研究』320号、新読書社、2023年
（6）宗像慶子（東京都・上北沢こぐま保育園）「一歳児から五歳児が一緒に暮らすおうち――いろいろな自分が見つかる異年齢保育」『季刊保育問題研究』314号、2022年
（7）藤下菜穂子（滋賀県・きたの保育園）「1歳児がいるのが当たり前の暮らし――未満児を含んだ異年齢保育」『季刊保育問題研究』270号、2014年
（8）鳥越皓之『村の社会学――日本の伝統的な人づきあいに学ぶ』ちくま新書、2023年、152-157頁

第9章

（1）宮里六郎編『里山の保育――過疎地が輝くもう一つの保育』ひとなる書房、2023年。本稿の実践は本書

に詳しく書かれています。
（2）宮里六郎「里山の保育で育つ子どもは、安心としあわせに満ちみちて」『発達』178号、2024年、ミネルヴァ書房、坂本顕真「過疎地の里山保育――地域は屋根のない保育園」『季刊保育問題研究』326号、新読書社、2024年
（3）奥村智美「島まるごと保育所――地域との対話から」『季刊保育問題研究』308号、新読書社、2021年、奥村智美「地域のつながりを土壌に育ちあう子どもたち」『季刊保育問題研究』278号、新読書社、2016年
（4）鍋田まゆ「過疎地の異年齢保育世代をこえてつながることでエネルギーを生みだす」『季刊保育問題研究』270号、新読書社、2014年
（5）倉世古久美子「地域で育つ子どもたち――ほいくえんレストランに取り組んで」『季刊保育問題研究』278号、新読書社、2016年

第10章
（1）辻享子（滋賀県・きたの保育園）「いろいろあるのが当たり前」『季刊保育問題研究』284号、新読書社、2017年
（2）鷲谷いづみ『さとやま――生物多様性と生態系模様』岩波ジュニア新書、2011年、5頁

寄稿1　「暮らしの保育」の夜明け

元きたの保育園園長　小山逸子

1　待ち望んでいた出版——異年齢保育では語りきれない「暮らしの保育」

この度の出版を嬉しく思い、この本を力にさらに「暮らしの保育」が全国に広がり発展することを確信しまた期待します。

「暮らしの保育」は、異年齢という年齢幅があり、クラス単位でなく〈おうち〉（クラス）を越えた地域の中の暮らしの営みの中で子どもも大人も共に支え合い分かち合って生きていく幅と間と場（共同体・コミュニティの場）がある社会の姿ではないかと思います。

そうした「暮らしの保育」を各地の実践をもとに新しい言葉（概念）を紡ぎだし、理論研究として確立しまとめられたのが、この本だと思います。異年齢保育から「暮らしの保育」を模索し求め続けている人たちが待ち望んでいたことと思います。「暮らしの保育」が理論書として世に出ることは未だなく、そういう意味では保育界にとって画期的な（偉そうですが）ことではないかと思います。

宮里さんに以前「異年齢保育試論――年齢別保育と違った異年齢保育の創造」（２０１０年、未発行論文）、「異年齢保育を通して保育を問い直す」（『現代と保育』86号、２０１３年）を頂きました。これらは「暮らしの保育論」として今に引き継がれていると思いました。私なりに印象に残ったところをまとめてみます。

宮里さんは、まず異年齢保育の実践の創造と理論的構築はこれまでの保育そのものを問い直すきっかけになるかもしれない課題だと述べています。そして異年齢保育は、家庭での暮らしをモデルとした「無意図的・自然な教育」（形成）」だと説明しています。それは暮らしと地域に根ざした保育であり、人やモノとかかわる力を育てることに重点が置かれているのだと思います。

また、暮らしの香りがする保育環境が求められ、保育者は「生活の共同者」として位置づけています。「教えて育てる」より多様な人びとの暮らしの中で、「見よう・見まねで育つ」ことを強調しています。さらに暮らしには動機の「必然性」があり、その時の「気分」も大事にし、何時でなく何時までという「時間の幅」で行動できることが安心感を育てると言います。最後に多様な人との繋がりの中で育つことが一番幸せなことではないかと問うています。

宮里さんによると『異年齢保育に関する体系的研究の重要性』（横松友義他、２００６年）という論文で、「異年齢保育に関する体系的研究は、これからであり、今まさに行われる必要のある段階に来ている。異年齢保育を推進することには、保育の丁寧さと保育思想の深まりをもたらす要素が含まれており、『保育論研究の再構築』を求められている」と指摘されているそうです。今回の出版は、これらの期待に応えるものではないでしょうか。

きたの保育園での子どもと職員が日々織りなす保育の姿にこれぞ異年齢保育だと思いながらも、その営みを体系付けられなく悩んでいた設立5年目に全国保育問題研究会岐阜集会（2008年6月）の宮里さん達が企画した特別講座「異年齢保育から保育をとらえ直す」に出会いました。講座は、きたの保育園での日々の子どもの姿と重なり、幅と時間と場の中で育つ意味が解きほぐされていくかのようでした。研究会後、宮里さんに私たちの実践の一部を強引にもお渡ししてしまいました。

それ以降、研究会の度に様々に語り、語りあう度に異年齢保育を越えて「暮らしの保育」へと向いていきました。異年齢保育そのものに年齢の幅があり、その幅が日常の何気ない暮らしの中で相乗効果を生み出し、子どもたちが育っていく姿が浮き彫りにされていくのです。そのような子どもの姿を宮里さんと語り合う中で異年齢保育という範疇では語ることのできないものを感じ見い出し「暮らしのある保育」へと視点と思考が移っていきます。

２　「暮らしの保育」は、地域あってのものです

宮里さんは、『里山の保育――過疎地が輝くもう一つの保育』（ひとなる書房、２０２３年）以来「過疎地の異年齢保育は異世代交流とセットの『年齢幅の大きい暮らしの保育』」と述べられ、過疎地の保育に「暮らしの保育」の源流を見出されています。

地域には、子どもから高齢者まで多種多様な人びとが日々暮らしており、その営みの中で子どもは育ち、互いが育てられ、そこに居ることに人としての値打ちがあると思います。

保育園の地域は共同の場・コミュニティの場です。

きたの保育園では、大人同士は「共に暮らしている間柄」ということで、お互いを、○○さんと呼び合います。子どもも大人のことを○○さんと呼んでくれます。

子どもは〈おうち〉だけでなく、お隣（の〈おうち〉）、台所（調理室）、事務所、一時保育室や子育て支援センター、そして保護者の方と、まさに〈おうち〉を越えてたくさんの人に出会い、声をかけあい、世話をしあいながら暮らしています。子どもや大人が園の中でいろいろな人と出会い関わり合いながら安心して暮らせる場全体をきたの保育園では「地域」と呼んで大事にしてきました。子どもも大人も地域で助け支え分かち合いながら生きることが暮らしで、そこに居ることに大きな役割と

値打ちがあります。

隣の〈おうち〉に玩具や友だちを求めて遊びにいく子、お散歩に連れて行ってくれる隣の大人、事務所に来て遊ぶ子、台所の前でお茶を飲んで一息入れる子、一時保育室でゆっくり遊んでいく子、子育て支援センターの大人に甘える子等保育園という地域を拠り所にして日々暮らしている子どもたちです。地域ならではの成し得る暮らしがそこここに見られます。

プールから上がったものの着替えが一向に進んでいない子どもを見た隣の大人が、〝よしよし〟という感じで服を着せてやっています。お隣の子どもには、大目に見たり優しくなれたりもする大人で、微笑ましさが漂っています。大喧嘩をしてひどく怒っているAちゃんと側にいるKさんの姿を通りがけに見た隣のYさんが、Aちゃんの怒りの原因を喧嘩相手のY君にも来てもらい一緒に紐解いてくれました。そこには一緒に考えることの中で、様々な思いが互いにめぐっていく間（ま）があります。地域の子どもも大人も、共に育ちあっていくのです。

また、〈おうち〉では見られない友だちの姿を目にし、互いを知り感じていくのが地域です。事務所に来た5歳児2人が遊んでいると、隣の〈おうち〉の3歳児2人が大喧嘩をしながらやってきました。そこに5歳児の一人が寄っていって何やら話していると思ったら喧嘩は収束。その姿を見ていたもう一人の5歳児が「K君（少し乱暴な姿を時折見せる）、いいところあるやん」と一言。〈おうち〉では素の自分を出しているけど、一歩外に出るとそこは地域。地域社会の一員としてちょっと〝よそいき〟に振る舞うK君の姿です。そんなK君の一面に気づくもう一人の子どもがいます。

たんたんとした日々の暮らしの中にハレの日があり時節に合わせた取り組みがあります。夏祭りやげんき広場（運動会に代わるもの）、秋祭りは、保護者も含めて地域総出で楽しみ、大人も率先して楽しみ、そこに子どもがいます。大人同士が楽しむ傍らには、安心感が漂いその心地よさの中で子どもは育まれていきます。大人の一所懸命さは、もう魅力いっぱいで子どもは誇りに感じ、将来の期待につなげていきます。また、普段の大人が暮らしている所に「何してんの？」と寄って来て、いつの間にか一緒のことをしている子どもたちで、そんなふうにして暮らしの文化が継承されていきます。

互いの子どものことを我が子のことのように思い、苦楽を共にできる地域づくりは、乳幼児期の子どもたちに安心を土台に人として生きていくうえでの感性・感覚を育んでいく場となります。地域を語らずして暮らしを語ることはできないと思うぐらい、子どもたちの育ちにとって地域の存在とあり方が重要だと思います。そして「地域（保育園中）でたくさんお世話になって助かった〈おうち〉を出て地域に遊びに行く子を安心して見送れた）！」と言う大人の言葉に、地域のあるべき姿を表しているのではと思いました。子どもは、半分地域の中で育つのがいいのです。そこに地域が共同のコミュニティの場としての意味をなしていくのかと思います。たくさんの好きな人ができるのが地域です。

こうした「暮らし」を支えてくれるのが保護者（会）でもう一つの地域です。

保護者同士も朝夕の挨拶から始まり、懇談会や行事への参加を通してだんだんに知り合いになり悩みなどを交流できるようになります。げんき広場で、よその子にも大きな声援を送る保護者の姿は「よその子もうちの子」そのものです。保護者からの意見や要望は、保育園（地域）を共同して育ち合う安心の場にしていくための大切なものです。

3　きたの保育園の「暮らしの保育」への道のり

2歳児2人の喧嘩を通りすがりの5歳児が見ています。2人は、お兄さんに見られていることに気が付き、〝えっ！　見られている！　しょうがないな〟と思ったのか「あっははは」と笑い、一段落でいつもの風景に戻ります。年齢の違う子どもたちが共に生活する意味を問いかける風景で、これらは、暮らしの中に普通にあり「暮らしは魔法の力をもっている」との思いが異年齢保育に向かわせていきました。

2004年にきたの保育園が開設された当時、バブルがはじけ、家庭生活の基盤そのものが崩れ、安心して生きることが厳しくなっていました。

開所に向けて「人の幸せは、豊かな人との関わりと食べることにあるとし、保育園は生活の場であり生活は文化である。なるべくお家に近い状態にし、異年齢での保育を創る。異年齢は乳幼児期の自然な姿で、見て真似て学ぶ育ちがあり、人としての感情や感性も育んでいく。そんな生活をゆっくりした時間の流れの中で保障していきたい」とし、「安心」をキーワードに1歳児から5歳児までが1日を〈おうち〉（クラス）で過ごす異年齢保育が始まりました。

すべてが真新しい中、試行錯誤・無我夢中の1年目。

開所当時は、異年齢での生活を行なうも、年齢別の活動に発達保障を求めていくなど、手探りの日々でしたが、職員は、1歳から5歳までの異年齢児が共に過ごす日々の何気ない姿に、子どもの育ちを見出していきます。大きい子が窓から虹を見ていると、そこへ小さい子が後ろに来て見たそうにしていることに気がついて場所を詰めてあげる子どもの姿から、みんなと一緒にいることが当たり前で、互いのことをよく見ていて、思いに気づき譲ったり喜んだり教えたりと仲間意識が芽生え、一緒にいると安心できるという関係が子どもたちの中に生まれ、温かい時間をつくりだしているとしています。

給食は、給食職員が〈おうち〉でご飯を炊き、お汁もつくります（味噌を入れるだけ）。「ただいま〜」「きょうの給食なに？」と声を掛け、給食職員がいてくれるだけでいい顔になる子どもたちです。湯気と出汁の香りがするおつゆ作りを手伝い、温かいおつゆをおかわりする子ども、食べながら会話を楽しむ子どもらの食卓は、家族のようで、お互いのことがよくわかるようになり、いたわり気遣うことのできる関係が育ってきています。大好きな人と共に食することで、食がすすみ、食の時間が心地よい時間となっているとしています。

2年目には「異年齢保育面白い！　子どもたちが育ち合っている！　相乗効果を生み出す異年齢保育」ととらえていきます。年齢の違う子どもたちが入り混じって遊ぶことが当たり前で、力の差はあるものの、一緒に生活しているからこそ、互いがわかりあえ、こうした日々の生活の積み重ねの中で、安心感を築いていきている姿が見えてきました。小さい子が傍らにいることで、精いっぱいの自分からそっと抜け出し、気持ちにゆとりが生まれるのではないか。文句なしに可愛い小さい子の存在が、大きい子の優しさを引き出してくれる。異年齢で生活する子どもたちは、それぞれに相乗効果を生み出しているとし、また、好きな遊びを異年齢の中で自然な形で楽しめるようになって、友だちに伝えたい、見せてあげたいなど「分かち合う」姿も異年齢の育ちとしてとらえられ、日常の何気ない姿から子どもの育ちを丁寧にとらえ異年齢保育の原風景が産み出されていきます。

こうした異年齢での育ちをさらに保障していくために、主体性の保障を課題とします。生きいきと遊び生活する姿とともに「◯◯したくない〜！　◯◯はイヤや！」などの子どもの声から、主体性をめぐり試行錯誤の時期がしばらく続きます。

〝大きい子の遊びを見ているR君の姿から、一緒に遊びたいということより、その空間に居て楽しい雰囲気を感じたいと思っていたのではないか。大きい子の様子を見ているだけで楽しくそれだけで遊びになっているのではないかとし、ほーっとしている時も含め、子どもが安心してそこに居ることが大切〟と考えます。こうした日常の何気ない姿から主体性を考え、食べることにも求めていきます。

よそい分けしないで食卓に大皿盛りにして出すことにします。友だちの声を聞いて量を調節し、好きなものは多めに入れてあげ、おかわり分がとれるようにしてくれる大きい子、小さい子は大きい子が気にかけてくれることが嬉しく、また、食べさせられている感がないことで、食べることが楽しくなり、気持ちよく食事を終えることができるようになったのかなとしています。食卓を囲み美味しく楽しく食べることに主体性は内在し、そして、当たり前の暮らしに食べることがあるとしています。

暮らしの視点で子どもの育ちや保育のあり方を見出したら、主体性は、暮らしの中の子どもの育ちにあることが見えてきました。日々淡々とした暮らしの中にすでに主体性の保障などは存在しており、子どもの姿からそれをどう見出していくかが問われているのではないかと考えるようになり、それらは、どんな暮らしを営むかという大人の暮らしぶりと、それぞれが暮らしを構成する人として認められていることに豊かな答えがあるように思います。

こうして何気ない日々の生活に暮らしの視点が移っていき、9年目に「暮らし」について次のようにまとめていきます。

「小さい子も大きい子も共に生活していることが『暮らし』であり、小さい大きいという関係でなく、一人ひとりの存在そのものが互いに認められる日々が『暮らし』であり、日常に起きるぶつかり合いも『暮らし』であり、そうしたでこぼこを埋めていくのがまた『暮らし』であり、互いに納得しあえれば、いつものようにもとに戻り過ごせる日常が『暮らし』である」

そして、子どものことを解ろうとすることが、「暮らしの保育」にある安心感をさらにつくるとし、大人の居方を問うていきます。

食事を共にすることで、子どもの考えの面白さや優しさに出会い、そうしたことを大人が解り受け止めることによって、生活にユーモアと潤いが生まれるとしているように、解り合うことは、互いに共感し認め合う暮らしぶりであると考えます。今も、日々、ごちゃごちゃの中にある人の豊かさを、「暮らしの保育」の中に求め続けています。

4　未知の世界を共に創りあってきた土台は話し合いと学習でした

職員の大半が新卒という中、真っ白な紙にまだ見ぬ異年齢保育を書き込んで来ました。難しさや悩みなどの問題が次つぎ押し寄せてきましたが、日々、子どもたちからもらう驚き・発見・保育の楽しさは、苦難が力に代わり、新しい挑戦にと向かわせるのでした。

退職職員が当時を振り返り感想を寄せてくれました。

「毎日、その日にあったこと、子どもたちの面白かった姿はもちろん、困った姿なども話したくて仕方なかった。子どもたちが可愛いだけではなくて、感性の豊かさとかいろんなエピソードから学ぶことが多かったし、子どもにはこの世界がそう見えるんだってわかることで、より保育が楽しくなり、保育を創り合う実感が、大変さを越える原動力になっていった。そこには、構えずに率直に何でも話せる相手が何人もいてくれ、子どもの嬉しいこと悲しいことに共感できることは、保育をする人という立場を越えての喜びであった。厳しい条件下であったが……」と述べています。

未知の異年齢保育に見本があるでもなく、子どもの姿から創造していく以外にはありませんでした。話し合いと学習がそれを補ったことはもちろんですが、あわせて、職員が1日たりとも欠かさずに、子どもの姿を保育日誌にとどめてきたことも重要です。日誌に記されている子どもの姿は、生きる姿そのものであり、たくさんの感動と学びと課題を与えてくれ、今に至り今を創っている財産であり宝です。この文章も日誌や総括文章から引用させてもらっています。そして、異年齢保育をゼロから任されたことが、保育を創る喜びを一層大きいものにしていったと思います。

宮里さんとの出会いと研究会などでの議論は、日々の何気ない中で暮らす子どもの姿が、人の大切な育ちとして確信につながっていきました。

本書は、子どもの姿や保育を営む保育者の姿をもとに裏付けされ構築された「暮らしの保育論」で、「もう一つの保育」の道を開くものです。暮らしの中で子どもが育つ意味を打ち出された新たな保育論は、子どもも大人も居ることに値打ちがあり人の尊厳につながる論だと思います。

この本の出版をうけて展開される「もう一つの保育」のこれからにワクワクします。

「暮らしの保育」をさらに深めるために―小山さんの「寄稿」を受けて　宮里六郎

小山さんは、私にとって「暮らし」を最初に言い出し深めてあってきた「同士」です。お互い相手の話を聞くというより、お互いの言葉に刺激されて思いついたことをどんどん話す、そのなかでいいことを思いつくのです。帰ってから噛みしめて整理する。そしてメールでやり取りをする。そこに深さと味が出てくるのです。今回の寄稿も私にとって新しい視点や言い回しもあり、たくさん刺激されました。いつものように返信を書きたくなりました。

1）1～5歳の異年齢保育の特徴は「育ちの相乗効果」

これまで3～5歳の異年齢保育の子ども同士の関係の特徴として、憧れや優しさが育つ「一方向的関係」ではなく、頼り頼られ・支え支えられる「双方向的関係」を挙げてきました。しかし1～5歳の異年齢保育（暮らしの保育）での子ども同士の関係の特徴はそれ以上に深められていませんでした。

小山さんは「異年齢保育そのものに年齢の幅があり、その幅が日常の何気ない暮らしの中で相乗効果を生み出し、子どもたちが育っていく姿が浮き彫りにされていくのです」と随所に「相乗効果」が出てきます。この指摘は新しい視点です。辞書によると、双方向的関係は、情報伝達の方向が一方向でなく、受信側からも発信できる方式。相乗効果は、二つ以上の要因が同時に働いて、個々の要因がもたらす以上の結果を生じること、です。相乗効果は双方向的な個々の関係以上の結果が生じるのです。1～5歳の異年齢保育（暮らしの保育）では、3～5歳の異年齢保育の「双方向的関係」を超えて、「育ちの相乗効果」と特徴づけられるのではないかと気づきました。

さらにその相乗効果をもっと具体的に描き出しています。大きい子にとっては「小さい子が傍らにいることで、精いっぱいの自分からそっと抜け出し、気持のゆとりがうまれるのではないか」と述べています。波線は実践者らしいとても素敵な表現です。また小さい子にとって大きい子は「小さい子は一緒に遊びたいというより、その空間にいて楽しい雰囲気を感じたいのではないか、大きい子の様子を見ているだけで楽しく、それだけであそびになっているのではないか」と述べています。小さい子はわがままですが、必ずしも自分中心でなくても周辺でも満足するのだと気づきました。

2）〈おうち〉を一歩出るとそこは「地域」です

小山さんは「地域」を前面に打ち出しています。まず「子どもやおとなが園の中でいろいろな人と出会い関わり合いながら安心して暮らせる場全体をきたの保育園では地域と呼んで大事にしてきました」と述べています。きたの保育園は各〈おうち〉に対して保育園全体を「地域」と捉えていることが特徴です。各おうちと保育園全体の関係をどう構造的にとらえるかという問題です。これについて本書（115頁）で触れています。

さらに一歩深めて、「地域」の大人は「よその子もうちの子」という意識や「お隣の子どもには大目で見たりやさしくなれたりもする大人」と、地域の大人の意識やあり方にも触れています。そして子どもも「おうちでは素の自分を出しているけど、一歩外に出るとそこは地域、地域社会の一員として振る舞う」と述べています。子どもは〈おうち〉を一歩出ると、そこは「地域」であることを意識し、子どもは子どもなりに「分別」をわきまえるという指摘です。地域と子どもの双方への優しいまなざしを感じます。

さらに「地域を語らずして暮らしを語ることはできないと思うくらい、子どもたちの育ちにとって地域の存在とあり方が重要」であり「子どもは半分地域の中で育つのがいいのです」と述べます。これは「学級王国」（〈おうち〉中心主義）を戒め、〈おうち〉（クラス）だけで完結しない保育を提起しています。また、「暮らしの保育」では保護者会を位置付けないままにきてしまいました。「保護者会はもう一つの地域」もこれまでにない斬新なとらえ方です。

3）「〈おうち〉の異年齢の間柄」は「仲間意識」ではなく「身内・感覚」

小山さんは子ども同士の関係について「人間関係」ではなく「間柄」という言葉を使います。〈おうち〉の「異年齢の間柄」では、同年齢の間柄で通常使われる「仲間意識」ではなく「身内」感覚なのではないでしょうか。仲間ではなく「身内」、意識ではなく「感覚」。身内は通常家族や親類など血縁関係のある人を指しますが、精神的な結びつきが強い人や関係性が深い人に対しても「身内」と使うこともあります。「〈おうち〉の異年齢の間柄」は、同級生的な仲間ではなく、同じ釜の飯を食う「食卓を囲む」家族的な「身内」という雰囲気を強く感じます。

また大人に対しても「身内」感覚があるのではないでしょうか。74歳の小山さんと3歳のRちゃんの記録を紹介します。ぬり絵を楽しんでいるRちゃん。何気なく小山さんがRちゃんのぬった上から違う色を重ねてぬってしまったのです。その時は何も言わなかったのですが、しばらくたってからRちゃんがすごい剣幕で「小山さん、あやまって！」と怒ってきたのです。色を重ねてぬったことを怒っていたことがわかって小山さんは謝るのです。

Rちゃんは、小山さんを先生でもないしもちろん親でもない、しかし心許せる「身内」という感覚があったのではないでしょうか。だから安心して自分の気持ちをぶつけられたのでないでしょうか。子どもも大人も含めて一緒にいると安心できる間柄、楽しさだけでなく「苦楽」を共にしている間柄が「身内」なのだと思います。

４）子どもの主体性は暮らしそのものの中にある

私はこれまで子ども主体の保育への違和感から、「暮らしの保育」には「子ども主体という気負いは感じられません」と述べてきました（40頁）。しかしその理由を説明できませんでした。小山さんは「主体性は、暮らしの中の子どもの育ちにある」と述べています。暮らしそのものに子どもの主体性は内在していると考えれば納得しました。すっきりしました。さらに「大人同士が楽しむ傍らには、安心感が漂いその心地よさの中で子どもは育まれていきます。大人の一所懸命さは、もう魅力いっぱいで子どもは誇りに感じ、将来の期待につなげていきます」とも述べています。やはり子どもの主体性を強調しなければならないような意図的まなざしより大人の姿と暮らしぶりが影響するのです。

小山さんは、本書を「子どもの姿や保育を営む保育者の姿をもとに裏付け構築された『暮らしの保育論』」と評し「暮らしの保育の夜明け」と位置づけてくれました。私は「異年齢保育のさきに〝うっすらと〟見えてくる暮らしの保育」と「暮らしの保育論」として打ち出すことに躊躇していました。しかし小山さんが「暮らしの保育」へ背中を押してくれました。ありがとうございました。今後この芽生えたばかりの「暮らしの保育論」がたくさんの保育仲間の中で花開いていくこと願っています。

寄稿2　異年齢保育の背景と年齢別保育との関連

静岡大学名誉教授　渡邉保博

1　保育・幼児教育における年齢別クラス編成をめぐって

保育・幼児教育は、長らく年齢別をベースに行なわれてきました。年齢を基準にしたクラス編成は、学校教育の影響を受けたようです。たとえば、幼稚園は、その出発の時点から同年齢による学級編成を行なってきました。この方式はその後も引き継がれ、「幼稚園設置基準」（１９５６年12月）は、「小学校の編制方式にならって同年齢の者によって学級を編成する」(1)こととしました。

戦後の保育所でも、年齢別保育が主流だったようですが、１９７０年代に縦わり・混合保育への関心が高まる中で、同年齢クラス編成は「小学校のクラス編成を当然そうでなければならないかのように無批判に、受けとって」[2]行なわれてきたと批判されるようになりました。

その点で、異年齢保育の背後には、学校（教育）を超えた保育のあり方をめざすという関心があったといえます。[3]

2 年齢意識と今日の保育・幼児教育の問題

1）年齢意識と「平均化」

年齢別保育も異年齢保育も、「年齢」への関心をベースにしています。

岡本夏木によれば、「年齢重視の裏には、平均化する見方、つまり、同輩齢の者は大体においてほぼ同じとする見方が根強く」はたらき、この年齢では「（こう）あるべきはずである」という「平均的な像」[4]が描かれるそうです。

2）年齢を基準としたクラス編成の問題

年齢を基準としたクラス編成が近年の保育・教育問題の一因であるという見方が広がっています。

この問題の解決策の一つとして、同年齢児からなる「学級（クラス）」という枠組みを変えていくこと、あるいは年齢別という「横並び」集団から脱却することが求められ、そのプロセスで異年齢保育への期待が高まっているようです。

①「学級（クラス）」という枠組みへの疑問

松田道雄は、同年齢児からなる「集団活動」には問題があるといいます。つまり、「（「生徒」や○歳児など）均質で均等な集合体として人間集団をとらえ」た場合、その「閉じられた関係」の中では「たとえ型どおりに集団活動をしているように見えても、人はそれぞれの人となりがどこかに表われ……集団には自然にねじれやゆがみといった変化がでて」きますが、「それを許容する心がなければ、異質な人を排除したり、はみ出す人を監視したり」(5)する関係がうまれてくると。

岡本夏木も同様の指摘をしています。つまり、「同一年齢内の人間たちを同一たらしめようとする外的圧力は、一人一人の個性や独自性を無視……しようとする傾向を生じかねない」(6)と。

いずれも「均等」集団からなる「学級（クラス）」という枠組みや「システム」(7)が、それに「なじめない」(8)子どもを生み出すことを問題にしていました。見方を変えれば、保育・幼児教育においても、「クラス」という枠組みを超えて、子どもたちが「それぞれの人となり」「個性や独自性」を大事にされ、安心して「なじめ」るような場をどうつくるかが求められていたといえます。

②同年齢という「横並び」の集団のもつ負の作用と異年齢保育への期待

では、年齢別という「横並び」集団には、どんな問題があるのでしょう。

川田学によれば、「同学年という枠をはめると、おとなはどうしても子どもの『できる』『できない』に目が向きやすく」なるので、「学年別の基礎集団」のもつ「学校的な〝選別的まなざし〟をどう緩和し、別のまなざしで子どもたちを見られるようにするか。それが、異年齢保育の重要なテーマの一つ」[9]であるそうです。

ある園でも、「年齢別保育だけでは、どうしても子ども同士の関係が横並びで、『できる、できない』の競争と点数化による比較対象にされがち」だと。だからこそ、「子どもたち一人ひとりが異なる存在として、その人格を認めあい……その存在を受け入れあえる保育」の創造が必要であり、その点で「異年齢の関係は、年齢幅の大きさによる互いの違いを肯定的に受け止められ、螺旋階段をのぼるように互いの関係に学びながら……互いを必要としあう育ちあいを可能にできるのではないか」[10]と期待して異年齢保育に踏みきったのです。

3）保育・幼児教育における「気になる子」問題と年齢別保育への問い

①子どもを見る目を柔軟にする異年齢保育への関心

この間、子どもたちの育ちの変貌（「気になる子」など）に直面して、年齢別の保育では子ども理解が一面的になることに気づき異年齢保育に挑戦した保育者がいました。たとえば、「5歳の保育が年々『きつく』なっている」なかで、「『手のかかる』5歳児が0歳児には『やさしい』といわれるので、子どもが多面的にみえる」[11]保育に期待したのです。

また、「年長児になってもべったり甘え、抱っこやおんぶをせがむ」など保育が大変になっている中で、「2歳児が大きい子の部屋へあそびにきたとき（年長児が）やさしい眼差しで小さい子を見て」いるので「部屋の空気も和ぐ」。2歳児もあちこちを探索したり、大きい子のしていることをじっと観察しているので「2歳児の世界も大きく広がる」[12]と考え、2〜5歳の異年齢保育を始めた園もありました。

②年齢を基準にした目標・内容意識の問い直しと異年齢保育への転換

子どもの育ちの変化は、年齢を基準とした目標・内容意識（「5歳児らしく」など）を問い直すきっかけになりました。

たとえば、「5歳児らしくとか、5歳なんだから……暮らしの部分でも、当番活動なんかでも、ちゃんとやるべき」という期待のかけ方は子どもを追い詰めることになります。[13]また、そういう保育者の「狙い」の追求では、「相手（子ども）の意思を尊重する相互性と、これからどんなことがおこるかという未来」が「閉ざされ」[14]てしまうことを心配しました。

あるいは、「（学校と）同じように年齢別にやることが……あたかも到達目標としてとらえられ」る保育を問い直し、「『5歳児にもなって』というより、その子がどうであるのかのほうがより重要」であると考え、「3歳から5歳の幅の中で子どもを認め」「自分で選び、自分で決める」ことを保障する「保育の個性化」[15]に踏み切った園がありました。

ここで問題になったのは、「期待と異なった発達」の姿を見せる「5歳児らしく」ない子どもと保育者の間には「必然的に緊張関係」が生じ、「子どもの固有な生を、不当に狭めてしまうおそれ」[16]があることでした。

というのは、「5歳児らしく」ないという見方では、「子どもが感じてることを感じないで、ただその子がこれからどういうふうにあるべきか、そのあるべき姿にどうしたらもちこんでゆけるのか、そういう未来のことばかりに自分の注意がいって」しまい、「『いま』『ここ』にいてるっていう姿が見られてない」[17]からです。

「いま」「ここ」で「子どもが感じてることを感じ」とることとは、子どもたち一人ひとりの思い・要求を徹底して叶えようとすることです。つまり、「課題も多い子どもたちでしたが、裏を返せば1人ひとりがやりたいことがあるのかもしれない」[18]ので、「一人ひとりの子どもたちが本当に自分の好きなあそびを見つけて、ぐっと遊びこむ」[19]ことを大事にしたいという思いが、異年齢保育に着手した園の実践報告を貫いていました。

子どもの「いま」を大事にした実践を通して、保育者たちは異年齢保育の手応えを感じていきました。たとえば、「○歳とはこういう年齢、当番・活動のルールはこう、けんかの仲裁はこんな風に」

というような「（年齢別）保育の中のたくさんの『こうでなければ』というおとなの考え方を柔軟にしてくれ」[20]たといいます。

また、「みんなで（活動や行事の）目的を共有し、励まし認めあい、共に頑張り、自信と仲間関係を深める」ことに力点を置く年齢別保育を問いなおし、一人ひとりがやりたいことをそれぞれのペースでやれる「幅と間」を大切にする、「どの子も年齢に関係なく」自分の大好きなことを充分楽しみ、試し、自ら次の一歩を踏みだす力をためることなどに、異年齢保育の意味を見出していきました。[21]

3　年齢別保育と異年齢保育との関連

これまで、異年齢保育が年齢別保育の抱える問題を超える一つの方法でありうることに注目してきました。しかし、年齢別保育と異年齢保育には「保育」として連続する面があります。

1）保育者は「先生」か

たとえば、保育者を「先生」と呼ぶかどうかは、年齢別保育の中でも多くの保育者たちが悩み続けた問題です。そのことで親・同僚と議論し葛藤も経験するなかで、愛称や「呼びすて」「さん」づけで呼んでもらうようにしていった園もあります。

また、30年ほど前のことですが、ある公立保育所の保育者たちとの雑談の中でのこと。「保育者は先生じゃない」「じゃあ、おばさん?」「おばさんではどうもおかしい」「何でおばさんのやることに金を払う必要があるか」などの議論が職員の中であったそうです。

これはたんに呼び方の問題ではなく、おとなと子どもの関係をどう見るか、あるいは保育園という「生活の場」における「先生」と「子ども」の関係をどう見るかという問題です。成熟―未熟、教える―教えられる、教育者―被教育者と対比し、子どもを教育の「対象」として向かい合うものとみるか、「『生活者』同士としておとなと子どもが並び合い、共同して一つの生を実現してゆくパートナー」(22)としてみるかという、「保育」の基本問題の一つでしょう。

2) 学校的な行事(運動会など)の見直し

保育における行事の名称や内容も、年齢別・異年齢を問わず大きな問題でした。

ある園では、「親に見せることや無理な生活を子どもに強いるのではなく、日常生活の延長線上に行事を置き、子どもたちとともに作り上げるよう、心がけて」いました。

運動会も、「子どもたちが外で遊ぶ姿を通して、私たちが大事に思っている保育の中味を保護者のみんなに見て貰いたい」という趣旨で行なっていました。しかし、「父母に見て貰う」のでは「なんとはなしのプレッシャーを感じる」し、「緊張する子もいるので、なかなか、普段の生き生きした様子を感じて貰えないのではないか」。また、「毎日の生活の中に、緊張したり、照れたり、ぐしゃぐしゃするときはいろいろあるわけで、なにも、全園の人達みんなの前で緊張感を味わせることもない」「父母の間に根強い『比べる、評価する』見方を変えていきたいので、子どもがいま面白がって遊んでいることを一緒に楽しみ、共感できるような機会をつくることの方が意味があるのではないか」と考え、運動会のあり方を見直していきました。

そして「『学校的な、見せる運動会』のイメージを何とかぬぐい取りたい、ということで、まずは名前ごと『プレイデー』に変身させ」ました。

初年度の試行を経て、２年目もユニークな種目が登場。たとえば、５歳児くじら組の「歯医者さんの前をタッタッタ！」です。散歩などの帰途、園に隣接する遊歩道を「タッタッタ！」と走って園にゴールインする。そんな日々の姿を親子で再現してみようという種目です。まさに、「子どもたちにとっては日頃のあそびがギュッと詰まった一日、親にとっては子どもに戻って、子どもと一緒に遊べた一日」になりました。[23] こういった模索をしながら、「生活の場」にふさわしい行事のあり方が見直されていきました。異年齢保育における行事の検討も、この延長線上にあると思います。

3）職員（おとな）の暮らし方

保育園という「生活の場」では、職員（おとな）自身の暮らし方が大事です。

この点に関連して、清水益實は、園が「生活の場」であるなら、職員にとっても「そこになにか生きるよろこびを体験する……生きるよろこびを生み出し、つくり出そうという場」でありたいといいました。[24]

清水住子は、この観点も含み込んで「園生活の年間計画案」を提起しました。この計画の様式は、縦軸は「期」の区分、横軸は「園生活」「保育のポイント」「おとなたちへのかかわり・活動」という三区分からなっています。

「期」は、Ⅰ期（4月2日〜：春）、Ⅱ期（5月7日〜：みどり）、Ⅲ期（6月中旬〜：梅雨）、Ⅳ期（7月下旬〜：夏）、Ⅴ期（9月1日〜：運動会）、Ⅵ期（10月下旬〜：秋）、Ⅶ期（1月1日〜：冬）、Ⅷ期（2月1日〜：まとめ）となっています。いわゆる「期」別・月別ではなく、天候や季節による生活の変化を重視して柔軟に期（季）を区分します。

この「園生活」欄では職員の生活のあり方も記述されています。たとえば、Ⅰ期（春）では「職員も、新年度の緊張をフレッシュな気分と結びつけて、園生活のなかに楽しみをつくりだす」、Ⅲ期（梅雨）では「職員も、梅雨模様に負けない、気分の明るくなる服装をしよう。落ち着いた生活の中で、健康を中心に、一人一人の子どもとの親密さを確かなものにしていく」、Ⅵ期（秋）では「実りの秋にふさわしく、職員も生活のなかの美の創造を通して、内面豊かにしていく」などです。[25]

子どもたちと「並び合い」生活するときの、職員（おとな）の時季にあった暮らし方が、計画の重要なポイントになっています。

近年の異年齢保育の実践報告でも、おとなの暮らし方、仕事の仕方について提起したものが見られますが、清水らの構想につながるものといえるでしょう。

ですから、異年齢保育は、「保育」としての課題を年齢別保育とも共有し学び合いながら、異年齢保育としての視点や内容の深まりを追求していくことが一層求められるでしょう。

引用文献

（1）湯川嘉津美（２０１６）「保育という語の成立と展開」『保育学講座』1、東京大学出版会、41-67
（2）平井信義（１９７3・4）「混合保育をみなおそう」『保育の友』全国社会福祉協議会、12-15
（3）なお、保育・幼児教育に影響を与えた、学校（級）の歴史については、以下の文献が参考になります（チュダコフ（１９９４／２０１５）『年齢意識の社会学』法政大学出版局、45-51／山根俊喜（２００２）「日本的学級の成立――教育評価史の観点から」桑原敏明（編）『学級編成に関する総合的研究』多賀出版、15-23／宮澤康人（２０１１）『〈教育関係〉の歴史人類学』学文社、45-48）。
（4）岡本夏木（２０００）『年齢の心理学――0歳から6歳まで』ミネルヴァ書房、9-15
（5）松田道雄（２００９）『関係性はもう1つの世界をつくり出す』新評論、１３０-１３５
（6）前掲（4）
（7）浜田寿美男（２０１５）『〈子どもという自然〉に出会う』ミネルヴァ書房、55-56
（8）柳治男（２００５）『〈学級〉の歴史学』講談社選書メチエ、1-5
（9）川田学（２０１５）「発達心理学的自由論（第12回）」『現代と保育』92、ひとなる書房、74-89
（10）伊藤亮子（１９９８）「異年齢・きょうだい保育の創造へ」『ちいさいなかま』３７３、草土文化／東京・こぐま保育園（２００２）『きょうだい保育の園舎づくり』草土文化、11-12

(11) 伊藤シゲ子(2005)「異年齢保育の四季」『季刊保育問題研究』212、新読書社、211-214
(12) 鍋田まゆ(2013)「過疎地の行事と保育計画――異年齢保育の実践を通して考える」『季刊保育問題研究』260、新読書社、254-257
(13) 嶋さな江らへの聞き取り調査(2007・7・6)
(14) 佐藤学監修(2005)『学びとケアで育つ』小学館、271-272
(15) 藤森平司(2000)『21世紀型保育のススメ――たてわりではない異年齢保育』世界文化社、1-24
(16) ボルノウ(1969/1989)『教育を支えるもの』黎明書房、134
(17) 村瀬学(1989)『未形のこどもへ』大和書房、83-91
(18) たんぽぽ保育園(2010)「年間を見通した取り組みと各年齢の姿」林若子・山本理絵(編著)『異年齢保育の実践と計画』ひとなる書房、159
(19) きたの保育園(2010)「1歳児からの異年齢保育に取り組んで」同前、48
(20) 小柳由美子(2013)「おとなも子どもも『こうでなければ』から抜け出す異年齢保育」『現代と保育』86、ひとなる書房、6-19
(21) 渡辺智美(2015)「異年齢保育の学びから生まれた豊かな育ち」『季刊保育問題研究』272、新読書社、94-97/小山逸子(2013)「共に暮らす保育(異年齢保育)は安心で穏やかな暮らしのある保育」『季刊保育問題研究』260、新読書社、246-249/西村侑子(2014)「仲間と育ったTのこころ」『季刊保育問題研究』266、新読書社、106-109
(22) 岡本夏木(1994)『幼児の生活と教育』岩波書店、1-24
(23) 遠山由紀子(2001)「運動会をプレイデーに」『季刊保育問題研究』190、18-29
(24) 清水益實(1985)「人間らしい生活をつくる保育」『新しい保育論へのアプローチ』ひとなる書房、125-126
(25) 清水住子(1991・11・17-18)「保育園における『生活』計画を考える」保育研究所第13回研究集会配布資料

あとがき

できたてほやほやの『暮らしの保育』をお届けできる幸せを噛みしめています。

本書は全国私立保育連盟発行の機関誌『保育通信』に、「異年齢保育の先に（うっすらと）見えてくる暮らしの保育」をテーマに、２０２３年11月から２０２４年10月まで１年間12回連載したものから第９回、10回、12回を除いて手直ししたものです。

毎月原稿を書きながら、うっすらとしか見えていなかった「暮らしの保育」がだんだん形になってくるうれしさを感じていました。連載後すぐに出版につながったことも二重の喜びです。

振り返ると、異年齢保育の最初の論文は、熊本市のひまわり保育園の３～５歳の異年齢保育への移行にかかわって２００１年に執筆した「異年齢保育実践の課題と保育計画づくり」（『季刊保育問題研究』１９０号）でした。また２０１４年には熊本異年齢保育研究会を創設しました。もう20数年異年齢保育に関心を持ち続けてきたことになります。

この間いろいろな保育園の異年齢保育の移行の相談を受けて関わってきました。通えるところは園に伺い、保育を見聞きし、職員会議にも出させてもらい、「私の話は、無視、却下、部分採用あり」と言いながら、時には実践に口出しもしてきました。ほとんど却下されましたが、たまに「試してみよう」となるとうれしかったです。「暮らしの保育」もそんな保育仲間とくんずほぐれつしているうちにいつの間にか自然と紡ぎ出されたものです。

　2016年の熊本地震の頃に「3～5歳の異年齢保育と1・2歳からの異年齢保育とは年齢別保育と異年齢保育以上に大きな壁がある。その壁を『暮らし』という実践的な言葉でわかりやすく説明し、『形成』という概念を無理矢理に貼り付けてでも、もう一度保育（就学前の育ち）を『教育』から取り戻さなければ、大人の意図的なまなざしに絡め取られもがき苦しんでいる子どもたちを救い出せないのではないか」と私的なメモを残しています。この頃にほぼ「暮らしの保育」の構想の骨格はできていました。何度か出版の機会はあったのですが挫折しました。

　2020年に退職して授業の責任から解放され、その分、保育はどうあるべきなのかを本格的に考え始めました。その答えとして『里山の保育——過疎地が輝くもう一つの保育』（2023年、ひとなる書房）に次いで今回の『暮らしの保育——異年齢保育の先に見えてきたもう一つの保育論』として「もう一つの保育論」を二冊公刊することができました。自分なりの責任が果たせて感無量です。

　実は引き続いて『異年齢保育への誘い——実践の分析から理論へ』（仮）を出版する予定です。私のライフワークである異年齢保育論の集大成になります。

　最後になりましたが、当初5回連載の予定を1年間執筆させていただき、本書への転載も快諾していただいた全国私立保育連盟広報部と連載を担当していただいた森井泉さんに感謝いたします。またひとなる書房の名古屋研一さんには数度にわたる挫折を見守ってここにたどり着くまでサポートしていただき感謝にたえません。

そして何より「暮らしの保育」を共につくってきたひまわり保育園・きたの保育園・さくらんぼ保育園はじめ、熊本異年齢保育研究会と全国保育問題研究会異年齢分科会の運営委員など、全国の異年齢保育仲間の皆さんに感謝します。さらに「暮らしの保育」同志の小山逸子さん（元きたの保育園園長）と本書を実践史的に補強して頂いた渡邉保博さん（静岡大学名誉教授）のお二人に「寄稿」していただき感謝いたします。

２０２４年11月23、24日の熊本異年齢保育研究会10周年寄り合いを前に　著者

著者紹介

宮里 六郎（みやさと ろくろう）

1955年、鹿児島県種子島生まれ。

中央大学文学部教育学科卒業、東京学芸大学大学院教育学研究科修士課程修了。2020年年熊本学園大学社会福祉学部子ども家庭福祉学科退職、現在熊本学園大学名誉教授。専門：保育学。

熊本異年齢保育研究会代表、全国保育問題研究会異年齢保育分科会運営委員。

主な著書：『里山の保育 —— 過疎地が輝くもう一つの保育』（編著、2020年、ひとなる書房）『「子どもを真ん中に」を疑う —— これからの保育と子ども家庭福祉』（単著、2014年、かもがわ出版）『保育に生かす実践記録 —— 書く、話す、深める」（共著、2006年、かもがわ出版）『「荒れる子」「キレル子」と保育・子育て —— 乳幼児期の育ちと大人のかかわり」』（単著、かもがわ出版、2001年）

●寄稿

小山 逸子（こやま いつこ）元きたの保育園園長
「『ずーっと居たくなる暮らし』を求めて」『季刊保育問題研究』全国保育問題研究協議会編集委員会編、319号、新読書社、2023年他

渡邉 保博（わたなべ やすひろ）元佛教大学教授、静岡大学名誉教授
『「寂しい人のいない」保育園づくりと生活保育の探究：学校との関係を問い続けたある保育園の実践史に学ぶ』新読書社、2023年他

●**写真提供**（順不同） 滋賀県・きたの保育園／熊本県・ひまわり保育園／熊本県・さくらんぼ保育園／熊本県・あさひ森の保育園／熊本県・北合志保育園／熊本県・黒肥地保育園／福岡県・大島へき地保育所／三重県・みどり保育園

●**装幀** 山田道弘 ●**装画** おのでらえいこ

暮らしの保育 異年齢保育の先に見えてきたもう一つの保育論

2024年12月15日 初版発行

著 者 宮里六郎
発行者 名古屋 研一

発行所 ㈱ひとなる書房
東京都文京区本郷2-17-13
TEL 03（3811）1372
FAX 03（3811）1383
Email：hitonaru@alles.or.jp